叶开的魔法语文

YE KAI DE MOFA YUWEN

叶开 主编

第九课

我的变形史

WO DE BIANXING SHI

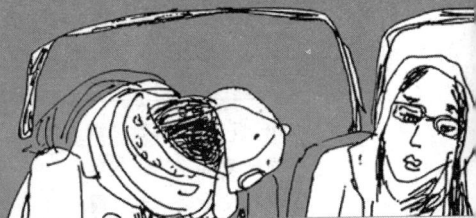

百花洲文艺出版社

BAIHUAZHOU LITERATURE AND ART PRESS

图书在版编目（CIP）数据

我的变形史 / 叶开主编. -- 南昌：百花洲文艺出版社，2018.4

（叶开的魔法语文）

ISBN 978-7-5500-2733-6

Ⅰ.①我… Ⅱ.①叶… Ⅲ.①作文 - 中小学 - 选集 Ⅳ.①H194.5

中国版本图书馆CIP数据核字（2018）第054037号

我的变形史

叶 开 主编

出 版 人	姚雪雪
责任编辑	王俊琴
书籍设计	赵 霞
插 画	饶凯西
制 作	何 丹 周璐敏
出版发行	百花洲文艺出版社
社 址	南昌市红谷滩世贸路898号博能中心一期A座20楼
邮 编	330038
经 销	全国新华书店
印 刷	江西千叶彩印有限公司
开 本	720mm×1000mm 1/16 印张 12.75
版 次	2018年7月第1版第1次印刷
字 数	100千字
书 号	ISBN 978-7-5500-2733-6
定 价	39.00元

赣版权登字 05-2018-115

邮购联系 0791-86895108

网址 http://www.bhzwy.com

图书若有印装错误，影响阅读，可向承印厂联系调换。

爱写作的孩子是一座魔法星球

叶 开

感谢读者朋友打开这本书，感谢你们看到我写的这篇小序。

请允许我略微骄傲地向你们介绍这套独一无二的作品集。

收入这套十二册近百万字的作品集，不是大家习以为常的课堂作文集、满分作文集、考试作文集，而是一整套由小学生和初中生自己创作出来的、风格独特、形态各异的优秀文学作品集。

我曾给这些孩子讲授一门"深阅读课程"。每次课后布置写作，孩子们立即"占楼"，并"光速"交作业。我每次都读得愉快兴奋，常常熬夜给他们的作文写下很长的分析和评语。

我精心挑选出来很多作品和孩子们一起阅读，讨论，思考。有莫言的短篇小说《大风》、刘慈欣的短篇科幻小说《诗云》、柳文扬的短篇科幻小说《一日囚》以及唐传奇中的名作《板桥三娘子》《聂隐娘》等，读了这些作品之后，他们脑洞大开，进而形成自己的独特思考，并开始了自己的精妙创作。

其中有一个良好的"副"作用——当他们逐渐成熟，学会运用作文套路后，这些在写作能力上达到同龄人中较高水平的孩子，面对应试作文时"杀鸡用了宰牛刀"，大多数人都能轻而易举地写出高分作文。

上海高考语文阅卷组组长周宏教授，常在我的微信朋友圈里为这些小朋友的作品点赞。他认为，孩子们都这样学习写作，今后高考写作文根本不是问题。

我曾说：语言是人类文明的底层操作系统。

如同电脑上、手机上无数的apps应用程序，都要安装在微软公司的Windows操作系统、苹果公司的macOS和IOS操作系统以及谷歌公司的安卓操作系统上一样，人类文明的其他形态，无论是天文、地理、工程、建筑、绘画、雕塑，以及各类科学，都要建立在语言这个操作系统上。语言的好与坏，直接影响到整个文明系统的稳定性。一个高级文明生态系统，他们的语言必定是高级的，他们创作出来的文学作品也必定是高级的。当今最发达的文明国家，他们的语言必定是最丰富的，其写作能力也必定是最高超的，而这些文明国家所留下来的文学作品（语言的最高形式），也必定是最优秀的。建立在这些丰富的文学作品上的文明形态，其想象力、创造力和制造力，都是非常惊人的。

语言一旦崩溃，一切文明形态都将崩溃。

如果我们使用的语言虚假、无趣、伪善，则其他的apps也无法超越。整个文明形态要更加真实、丰富、优雅、有趣、向上，则语言首先就要具备真实、自然、准确的基本要素，进一步，则是高效表达、有趣表达、丰富表达。

社会各行各业，哪一行能离开"写作"呢？语言表达的各种外在形式，无论是政治家演讲、国情咨文、周末报告、股票路演、公司总结、宣传文案，哪一样，都离不开写作能力。我从来没有见到过哪一个优秀作家是口讷不善言的。他们"不说话"，要么是不愿意在某种场合上表达，要么就是代笔的假作家。而那些写作能力强的人，总有更大的上升空间，有更广阔更高远的未来。

文集里这些小作者，从小学二年级到初中二年级，主力作者在上五、六年级——九岁至十二岁左右的年龄。当大多数同龄孩子咬笔头、搔脑袋、苦思冥想、灵感枯竭时，这些孩子个个都是脑洞大开、神思缤纷、下笔如有神，创作出一篇又一篇令人赞叹的作品。

这些作品中，有些特别成熟，有些略显稚嫩，有些特别有趣，有些非常可爱，总体呈现出新世纪少年的丰富想象和思考。

读了他们的作品，我自己也深受启发。我发现大多数成年人对孩子们的内心世界严重缺乏理解，成年人对孩子的认识大多是模糊的、空白的。因为，能读到孩子们真情实感、抒发胸臆的作品实在少之又少，缺乏足够的学习和分析资料。

在课堂作文、应试作文中，学生们只能走套路，写虚假文章，没有机会表达自己的内心和独特的思考，找不到合适的地方表达自己的复杂情绪。而在我的课堂里，他们得到了痛快淋漓的释放。

每个小孩都是一个小宇宙，当这个小宇宙的能量受到有效的激发而爆炸时，你才知道自己的孩子到底有多么与众不同。

孩子们年纪虽然小，但是他们通过互联网的手段，接触到的外部世界，比自己的父母和老师想象中的要丰富、生动得多。然而，他们在传统的课堂里，却没有太多机会表现自己。大多数孩子，也没学会以写作的方式表达自己，展现自己。

我长期与孩子们交朋友，和他们不间断地交流。知道他们表面很天真、很幼稚，其实小家伙很懂得伪装，知道在什么情况下，要隐瞒，不让大人看到自己的真实爱好。只在自由表达中，他们才会敞开心扉，吐露自己内心的秘密。

阅读这些作品，我们才会恍然大悟：原来孩子的身体里也隐藏着一个宇宙！爱写作的孩子，是一座魔法星球。

他们的内心很丰富，他们的思想很复杂，不像外表显得那么稚嫩，那么单纯。当你认识这些孩子时，会很惊讶：他们看起来跟其他孩子差不多的稚嫩表情底下，竟然能隐藏着如此丰富的想象力，这么美妙的创造力。他们以自然准确而优美的语言，创作出属于自己的想象王国。在这个时候，爱写作的孩子已经拥有整个属于自己的世界。

他们都拥有一座属于自己的秘密魔法星球。

有些小孩子在作品里写道：老师和父母都认定小孩子幼稚，因此小孩子也装得很幼稚了。成年人想当然地把自己的固有概念套到孩子身上，以僵化的态度来塑造孩子，并且被自己的观点所迷惑，而无法有效地与自己的孩子交流。孩子们只好机智勇敢地、故意卖个破绽地装出单纯幼稚的样子，满足成年人对小孩子的虚假想象和塑造。

"狼昨"是我最杰出的学生之一。她是一位擅长编程，满脑子奇思妙想的七年级女孩，去年曾写过一篇科幻小说《过去的时光》，以科幻的形式来写成年人和小孩子之间的深深隔阂。

她想象有两种星球：大人星球和小孩子星球。这两个星球彼此缺乏了解——相比之下，还是小孩子星球对大人星球了解更多一些。但是大人星球自以为很懂小孩子星球。他们不假思索地认为，自己天然地对小孩子星球有居高临下的优势，总是发布各种命令，提出各种要求……

这篇作品包含了丰富的孩子心理信息，推荐各位爸爸妈妈一定要好好阅读。也推荐给教育界的各位人士，我们自以为了解的孩子，并不是教科书想当然写的那样。想深入理解小孩子的内心，要真正懂得教育，我建议好好地阅读一下他们的作品，其中的第一册《用七个关键词描述自己》，就是了解孩子们的最好材料。

小孩子们的内心不仅仅如此，他们还总是思考着一些奇妙的历史和宇宙。

"木木水丁"也是我最杰出的学生之一，她运用自己学到的宇宙知识和历史知识，在科幻小说《频闪时空》里，设想了一个特殊的问题：我们的宇宙历史，会不会是由一张张特殊的"照片"组成的？每个不同的时空就是一个不同的星球，人长大是不断地从一个星球迁移到另一个星球。人类自己身在局中，不知道其中的奥妙——只有不知身居何处的"时空主宰"在操控一切。而深知"时空主宰"奥秘的那个人，生活在公元元年，他的名字叫作"耶稣"。

读完这部作品，会发现这是一种历史文化和宇宙观念的奇妙旅程。其中写到主人公穿越回到公元元年（这个星球），见到了那个叫作耶稣的五岁孩子，这才知道历史典籍记载的耶稣诞辰一直是错误的：耶稣五年前就出生了。

这里面有很多特殊的思考，真的"亮瞎"了我的"钛合金"眼睛。

"沼泽"也是我最杰出的学生之一。他在五年级时就写出了探讨"不确定性"的一部杰出的科幻小说《骰子》。其中写到了一名来自火星的名侦探匹克，一到地球就失踪了。而地球上最神秘的黑暗势力的领袖，正在巴黎的下水道里，打算实施把整个太阳系各个行星炸掉的庞大阴谋。他到底会不会炸掉太阳系里的那些行星呢？关键看头号恐怖分子Forever会不会掷出某个特定的点数：星球的命运，建立在偶然、随机上。

在小说里，小作者熟练地运用了"量子力学"理论，还巧妙地谈到了"薛定谔的猫"等概念，令人大开眼界。他在五年级时上唐传奇《聂隐娘》的课，课后写了一篇科幻小说《楚门的世界》。凭着这篇优秀作品，他被上海最著名的民办学校之一——平和双语学校特招进初中部。

"颜梓华"也是我最杰出的学生之一，前不久他写出了一部三万字的中篇科幻小说《地球四十八小时》，读了令我深为赞叹。

小说里写某高智慧外星文明的男主角小男孩要去另外一个遥远星球探望父亲而搭乘星际列车旅行，因误入某种时空漩涡，星际列车穿越了时空，停靠在了几千光年之外的地球的某个车站。这让小主人公在从未到过的地球世界里，经历了四十八小时惊心动魄的冒险。小说结构很精简，人物和人物关系设定很合理，其写作能力，远远超出了很多大学中文系的学生。

"雪穗·茗萱"是研究阿西莫夫科幻名作《银河帝国》系列的小专家，现在读七年级。她写的科幻小说《银河帝国·虎》，结构之精妙，故事之出人意料而又合情合理，文笔之好，简直是阿西莫夫再世。

另一位七年级的天才少年周阳，也以阿西莫夫的《机器人帝国》为灵感，创作了一部优秀作品《机器人星球长》，写某天突然爆发了一条信息"地球星球长萨旦·奥利瓦是机器人"，而迅速流传到宇宙中有人类居住的四十五个星球中，宇宙世界联合组织委派名侦探夏洛克·安德罗斯前来地球调查真相。故事结构非常特别，结尾出人意料又合情合理，充分体现了小作者的谋篇布局和叙事推进的高超能力。

六年级学生黄铭楷的科幻小说《命运之钟》，写某台来自宇宙最先进文明的机器，落在地球上，而为地球人所用。这台机器是一部超高能的计算机，能计算出地球上每一个人的命运走向。因此，王国内每一个人出生之后，都要来到这个"命运之钟"前检测自己的命运。那些被宣判未来会变得邪恶的人，就会被抛弃被杀死。而最奇特的事情，发生在国王的两个孩子身上，"命运之钟"判定他们会自相残杀。老国王痛苦不堪，但不肯对这两个孩子采取"抛弃"的方式，那么，两位王子如何突破这个命运的陷阱呢？故事结构之巧妙，解决之合理，我也一直记忆深刻。

我教过的学生中优秀的科幻少年很多，除上面的那些小天才之外，还有现在读五年级的张小源、五年级的李华悦、七年级的时践、五年级的周子元、四年级的郑婉清、四年级的刘悦彤、六年级的张倍宁、八年级的程琪鸿、七年级的李暖欣等等，恕我不能一一列举更多的名字，他们都写出了精彩的科幻小说，读了真是让人感到大开眼界。

除了科幻小说之外，这些文集里，还有大量的幻想小说，包括魔幻小说、玄幻小说、奇幻小说等，深受一起学习的孩子们欢迎的枫小蓝、戒月、莞若清风，是幻想小说的天王三人组，是真正的幻想小说天才。还有徐鸣泽、丁希音、何浥尘、杨睿敏、雾霭青青、幂小狐等，都是幻想小说的顶尖高手。

孩子们不仅仅是写幻想小说才能高超，在打通灵感之泉以后，他们写其他文类如记叙文、议论文等，都得心应手。游记、影评、书评，完全不在话下。

浙江平湖的张小源同学四年级跟我学习，现在五年级。她创造的幻想作品风格多样，跨度很大，屡有佳作，而科幻小说也像模像样。她写的游记、影评、书评，都非常精彩。写美国科幻鬼才菲利普·迪克的文章，写《哈利波特》的书评，都非常老到。

当孩子打开写作的闸门之后，他们就会在写作的过程中不断地"虹吸知识"，为了某些特定的知识内容，去寻找资料，认真了解学习相关的知识。例如"量子力学""测不准原理""相对论"等等，这些远远超出了他们年龄的知识，他们都孜孜不倦地去学习，而且热情高涨。

南京五年级小学生徐鸣泽，跟我学了袁枚《子不语》里一篇《赵大将军刺皮脸怪》而迷上了这部文言小说，自己读完了厚厚一本文言文作品，在班里建了一个《子不语》阅读小组。这些孩子的文言文阅读能力已经超过了很多高中生甚至大学生。在跟随我参加南京先锋书店里举行的跨年诗歌晚会时，台湾著名翻译家、诗人陈黎教授看到了徐鸣泽和她的小伙伴莞若清风，感到非常震惊，说你们不是小学生吗？怎么能看懂繁体字，看懂文言文的！

在孩子们眼中的幻想小说天才莞若清风，是一个精通古希腊罗马神话、埃及神话、北欧神话等各类神话的六年级女孩子，她深入浅出地化用这些神话元素，写出了一部部精彩的幻想小说。我一直记得她的杰出作品《雪雕冰神》，那么美好的一个幻想世界，也只有这些心灵纯净，未受到污染的孩子，才能创造出来。

而运用了特殊的地理知识和对《魔戒》的深阅读，七年级的时践创作了一部三万字的魔幻小说《费斯·波金与邪恶之眼》。

一介绍就"如数家珍"，有点兴奋过头了。

这套书中很多作品，在"叶开的魔法语文"公众号发出后，得到了全国各地的著名作家、出版家、编辑和优秀语文教师的点赞和激赏。

当我把一个专辑发在朋友圈里时，诺贝尔文学奖获得者莫言老师也点赞留言，说："开卷有益！"又补充说，"开叶开的卷有益！”

北京师范大学科幻小说研究中心主任、博士生导师吴岩教授也常常为这些孩子的科幻作品点赞。

这里，要特别感谢我的老朋友——百花洲文艺出版社的姚雪雪社长。她慧眼识珠，一眼就看到了这些小朋友发表的作品中蕴含着惊人的潜力，立即跟我商量，请我负责编辑，由百花洲文艺出版社于2018年作为重点图书出版这套作品集。

编完了小朋友们创作出来的十二册《叶开的魔法语文》作品集，我的主要表情是"惊呆"，次要表情是"感到不可思议"。

这些脑洞大开的作品，每次交上来我都会逐一点评，印象深刻，感受特别。这些作品都是2017年夏天以前创作的，所以出书时标记的是小作者们写作时的年级。再次编辑这十二册近百万字的作品集，我为孩子们的真实自然准确的语言所惊叹，为他们的想象力和创造力所再度折服。

我是中国现当代文学博士科班出身，在《收获》杂志社做了二十多年的职业编辑，阅读过大量的文学作品，编发过国内外许多一流作家的优秀小说。本来以为自己已经读麻木了，天底下没什么新鲜事了，没想到在与这些孩子一起度过一年多的"深阅读"和"创造性写作"的美好时光之后，发现他们在得到有效的深阅读训练，学会有效思考，体会到高效率语言表达的乐趣之后，创作热情被激发了，而写出了前所未有的美好作品。有些孩子简直是灵感如涌泉，被激发得闪闪发光。他们的写作题材非常广泛，形式极其丰富，表达生动活泼有趣。如果不是被激发之后，渐渐进入更为自由的写作状态，我们很难理解，为何这些小孩子脑袋中竟然能藏着如此丰富的思考、如此瑰丽的想象、如此自由的表达。无论是科幻小说、玄幻小说、穿越小说、武侠小说还是游记、书评，他们都写得观点鲜明，精彩有趣，色彩缤纷，让人产生浓重的阅读兴趣。

我和一些孩子见过很多次，平时追逐嬉戏，打打闹闹，跟普通熊孩子差不多。但是，且慢，不要以貌取人。他们的脑袋里，藏有比黄金更珍贵的奇思妙想。他们的大脑如同宇宙一样无垠，他们的思考如同光速一样快捷，他们的表达像加特林机关枪一样干脆利索。有些人物关系的处理，他们比成年人更加直截了当；而在细节表现上，则精微而晶莹。

他们还小，未来无可限量。

同样，你们的孩子也还小，未来无可限量。

相信他们，就是相信未来。

这些孩子的潜力，都有待我们的呵护与激发。

2018年2月3日

目录
CONTENTS

雪雕冰神

莞若清风（龚莞清）　五年级

引子　风兰

我是风兰，雪神的第十二个孩子——冰系法术精灵。我天天生活在冰天雪地里，和我的第十一个哥哥共度时光。我的前十个哥哥都早已经成年，变化成各种动物，到人间当王称霸。只有我的双胞胎哥哥水系法术精灵——克里，还是和我一样大的十七岁青年。

我们的爸爸——雪神，天天忙得不得了，在春天时收集飘扬的柳絮，在夏天时收集白莲的花瓣，在秋天时收集雪白的棉花，再将它们混在一起，用法力把它们变成冬天的雪花。每当冬季来临，爸爸就更加忙碌了，他要驾驶着用四匹白马拉着的冰雪战车，装上满满的雪，将雪撒向人间。云，是爸爸最好的朋友，当爸爸在春夏秋时节找不到他想要的造雪材料时，就会从天上摘下云彩作为造雪的替代材料。当爸爸在天空撒雪时，他指挥云彩隐藏爸爸的行踪；当爸爸的战马累的时候，就让它停在云端休息。

爸爸总是这样从早忙到晚一直忙碌着，几乎很少回到雪神之宫休息。

第一章　施法

"风兰！"

"干什么？"

"爸叫咱们帮他洗战车！"

"哦。"

我小跑到爸爸的车库，克里扔给我一块抹布。我看向爸爸那庞大而布满雪渣子的战车，再看看手上小小的抹布，心想，这要擦到什么时候啊！灵机一动，放下抹布并且盘腿坐下。

"你要干什么呀！"克里问。

我不理他，并抽出系在腰间的钻石宝剑，口中念念有词，紧闭双眼并迅速站起，指向战车。宝剑忽然银光四射，不仅战车上的雪被清理得一干二净，连车库里的脏污也不见踪影。

"你用法术！爸不是不让我们施法的吗？"克里惊叫。

"嘘，小声点。爸是不让我们施法，但如果不施法，我们的手就要擦残啦！"

"不过话说你这咒语蛮厉害的，用的是什么咒语啊？"

"清理咒啊，威力这么强可能是宝剑的缘故吧。"我说着，抚摸着钻石宝剑。

"你们在干什么呢？"

我和克里回过头来，都吃了一惊，原来是爸爸！

"爸！"我们俩异口同声地叫出声来。

"爸爸，我不是故意要施法的，但……"

"不必多说，你们已经长大，不用再受我的拘束了。今天我要带你们去圣山，举行你们的成人典礼。你们将从精灵变成神，然后变化成动物，到人间去洗涤你们拥有凡俗欲望的灵魂。"

"我们要成人了！终于可以走出雪神之宫，看一看外面的世界了！"我开心地惊叫着。

第二章 成人典礼

我们穿上华服，随父亲来到了圣山。圣山烟雾缭绕，仙气弥漫，绿色的树林遍布大大小小的山丘。爸爸一挥手，一朵彩云便飘飘悠悠地落在地上。我们登上彩云，它软软的，像舒适的床。忽然，云"呼"地飞起，还没等我反应过来就已经来到了圣山山顶。

爸爸带着我们向前走，来到了一座金碧辉煌的大门前。爸爸神情庄重地对我和克里说：

"前面就是神泉，宙斯大人一定坐在神泉边的宝座上，见到他就向他行礼，知道吗？"

"知道。"

爸爸推开大门，一池金色的湖水就在大殿正中央。宙斯坐在湖旁的金色宝座上，耀眼的金冠在他头上闪耀。我和克里连忙跪下，宙斯将我们请起，说：

"到神泉里泡一泡吧，神泉会告诉我你们最凡俗的只有精灵与人类才有的欲望之心。"

我和克里跳入水中，可是神泉竟然没有溅起水花，仍然平静如镜。我在水中感觉自己的身体像被注入了什么东西，慢慢地充满力量。过了许久，宙斯叫我们出水，我出来后，身上的衣服居然一点也没有湿。宙斯说：

"雪神之子，克里，你的欲望和你的十个哥哥一样，是权利，而雪神之女，风兰，"宙斯将脸转向我，"你的欲望在众神之中很特别，是能够看遍世界，在世界之中翱翔。"

克里看向我，他的脸上明摆着疑惑：你的欲望就是这个？

宙斯又说：

"让我用法力，将你们变成动物，以后你们将会一直是动物的形体，直到你们消除欲望。克里，想拥有权利，那就变成鲸鲨吧！不过，我要提醒你，权利的欲望并不是那么容易获得的。"说完嘴里念念有词，手一挥，克里变长了，手脚都变成了鱼鳍，渐渐地，变成了一条地地道道的鲸鲨。

"风兰，翱翔？嗯，有了！就将你变成雪雕吧！"说完宙斯又

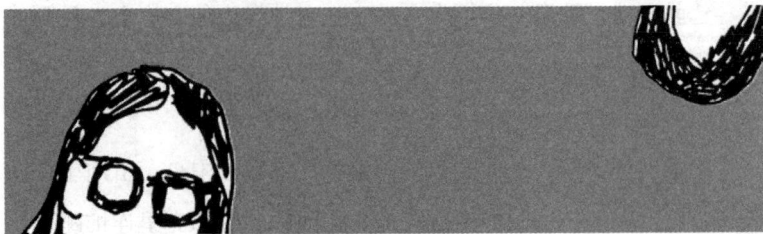

一挥手，我的华服变成了洁白的羽毛，手变成了巨大的翅膀，脸变小了，嘴则变成了金黄色的喙，眼睛也变成了金色，而钻石宝剑则变成了我的利爪和尾羽。

"你们不是凡间动物，所以也不用为生死担忧。不过为了起到历练的效果，你们每人只有三次用法力的机会。去人间历练并清洗你们拥有欲望的灵魂吧！当你们洗涤完所有的欲望之后，再变回原形，那时你们才是圣山真正的神。因为，神，是不可以有凡俗的欲望的。"

宙斯说罢，我眼前一黑，什么也不知道了。

第三章　在凡间

当我醒来时，已经到了凡间。我躺在酥软的树叶堆上。现在，凡间正值秋高气爽之时。秋天，我还从来没有经历过秋天哩！成人前天天生活在冰天雪地里的我，对于秋天的印象仅仅存在于故事的层面。秋天好美啊，我扑棱一下翅膀，跳了起来。发现我正处在一座漂亮的果园里，成熟的果子挂满金色的枝条。这里虽然美，但我知道，我不能一直待在这里，因为我有更重要的事要做。

我在临时栖息的山头四处张望了一下，果断决定朝日出的方向飞去。我振翅高飞，在云层下方盘旋。我在空中俯视一块块丰收的田地，看尽清澈的湖水和浑浊不堪的水沟，看见皇宫贵族的城堡和贫民的茅屋，看到了五大洲、四大洋……

春夏秋冬，寒来暑往，不知不觉中我已在凡间历练一年多时间了。在这期间我遭到猎人的追捕，经历了与同族的搏杀，知道了饿得快要昏倒时的感受。当然，也欣赏到了大自然的绝美风景，还交到了不少知心朋友。

这天，我来到了一座荒无人烟的平原，饥肠辘辘，想找点吃的。我一眼便看见荒原后十几里地有一片大海，心想：要不我在海里找几条鱼吃一吃？于是便飞到海边，看见一大群动物围在沙滩上。忽然海面一阵波峰浪涌，一只鲸鲨浮出水面。我吓了一跳，惊叫出了声。那条鲸鲨过了很久迟迟不走，还和那帮动物聊起了天，毫无攻击的意思。嗯？这是怎么回事？我仔细端详了那只鲸鲨了一会儿，发现，那不是克里吗？

"克里！"我叫着。

那一大群动物回过头来，其中一只老虎用低沉的声音问：

"怎么，你认识他？"

"当然，我当然认识他了，他是我的双胞胎哥哥！"

"你哥哥？"一只灰熊问，眼里放着兴奋的光彩，"那么你是？"

"我是……"

"她是风兰，冰之神。"是克里那平静的声音，"她，是我们的小妹妹。"

"你们？"我失声大叫，"你们的小妹妹？怎么会？"

"他们是我们的哥哥。"克里说。

我慢慢盘旋着降落下来，问：

"你们不应该早就回到圣山了吗？"

"不，拥有权利没那么容易，洗涤欲望也没那么容易。"这次回答我的是一头野牛，别的动物也纷纷点头应和。

　　"不过，我们现在都已洗涤了欲望，该回圣山了。因为成为真正的神以后，我们就可能再也见不到对方了，所以决定在我们走之前聚一聚。可是因为你在天空游荡，并无固定的栖息地，所以就没有找到你，"克里说，"不知道你那不同寻常的欲望洗涤掉了没有。"

　　"可是我……有了！你们不都是一方霸主吗？有些地方我不能去，你们要不带我去你们的王国转一转，可好？"

　　"你的欲望到底是什么？"一只田鼠问。

　　"我的欲望是能够看遍世界，在世界之中翱翔。"

　　"好奇特的欲望啊，不过，我们可以帮你满足这个欲望。"一只猿猴说。

　　"太好了，谢谢你们。"

第四章　上天入地

　　之后，我就更深一步地环游了整个世界。我跟着大哥老虎火神参观了茂密的树林；跟着二哥灰熊甜蜜神游览了蜂蜜山岩；随着三哥野牛强壮之神见识了高原的壮丽；随着四哥猿猴树神看到了树顶的秘密；跟着五哥羚羊草木神认识了草原的魅力；跟着六哥黑豹夜神参观了黑夜中的丛林；和七哥松鼠敏捷神知道了树洞中的世界；和八哥哥野猪凶猛神认识了泥潭的内涵；和九哥蛇诱惑神游历了爬行动物的王国；和十哥田鼠建筑神参观了狭小的地下王国。而和克里，鲸鲨水神的冒险才是最有趣的。

和克里的冒险是最困难的，因为他有腮，我没有。这可使我着急了，我游历了世上所有的地方，除了海洋。就在这时，克里忽然提醒我：

"我们每人不是都可以施法三次吗？你用一次法术来变出腮，不就可以了吗？"

对呀，我怎么没想到呢？我连忙将利爪指向自己，口中念咒，慢慢地，我的两颊长出了腮，羽毛和眼睛也都变得防水了。我纵身跳入水中并骑在克里的背上，潜入海底。

海底的世界比所有其他的地方都要奇妙——各种各样在水中闪亮的鱼群绕着克里游来游去。海豚跳跃着，展现着各种图案。海葵柔软的身体随着海浪与泡泡的节拍摇曳着，小丑鱼在色彩斑斓的珊瑚之中东躲西藏。所有的鱼儿让开一条水路，寄居蟹和海星在水路旁一字排开，珍珠蚌都纷纷张开双壳，露出美丽的珍珠。我对克里说：

"海底世界好漂亮啊！不过，你是怎么洗涤掉你的欲望的呢？"

"那就说来话长了。我一开始来到凡间时饱受同族的欺辱，大家都纷纷攻击我，认为我是不速之客。对此，我一直保持沉默。有一次，一群鲸鲨又来回击我，我害怕至极，为了保住身体不被搞得伤痕累累，开始了不断地攻击。不过，它们毕竟是一群鲸鲨啊，我单枪匹马的，哪里打得过啊。这时候，有一条强壮的大白鲨冲过来，我以为它也是来攻击我的，心怦怦直跳。可是，大白鲨却狠狠地一口咬在另外一条鲸鲨的背上，将它甩了出去，又用自己强而有力的尾巴赶走了其他鲸鲨。大白鲨游到我身边，笑着告诉我它叫罗伊，它看到我身处危境，便赶来营救。从此，我们成了好友，并打下了这整片海洋。可是有一天，罗伊在和我征伐叛乱者时因为一个疏忽，牺牲在了五条虎鲨口中。战争结束之后，我望着罗伊的尸体，哭出声来。那时，我才知道，你拥有再大的权利，你也没办法控制生老病死，你也无法挽留自己所……所……"克里说到这儿哽咽了起来，"……所喜欢的人的生命。"

"所以，你就这样洗涤掉了欲望？"

克里回答："嗯，是的。不过马上我们就要分离了，我给你一件礼物做一个留念吧，因为当了圣山上真正的神，我们就天各一方了。你想要什么？"

"礼物？那就把那些珍珠给我一点吧！"我说。

克里闭上眼睛，口中念起了咒语，一会儿，所有珍珠蚌里的珍珠都飞了起来，打造成了一件珍珠战衣和一个珍珠头盔，又不知从哪儿飘来几十颗宝石和上百个珊瑚，点缀在战衣上。

"到了圣山我们就会变回原形，这件战衣和这个头盔会刚刚好适合你的。"克里说。

"克里，你对我真的太好了，我也有一件礼物给你。"说罢，我浮出水面，用法术召唤出山顶的千年白雪，将它们幻化成不会融

化的大冰晶，再用法术把它雕刻成了一把精致的剑，并给予剑法力，使它强大无比。然后我潜入水中，把剑交给了克里。

结尾　雪雕冰神

现在，我已经变回原形，在圣山掌管一切和冰雪有关的自然现象。正如克里所说，我们现在难以见面了，不过，至少我还有他送我的战衣，他有我送给他的剑。他大概没想到，我送给他的剑拥有魔力，而我也万万没想到，他给我的战衣也有魔力。战衣的魔力在于它会使我长出雪雕的翅膀使我工作起来十分轻松。正因为战衣的神奇魔力，现在大家都叫我"雪雕冰神"。

叶开老师评：

哇哇哇，请允许我惊叫几声！莞若清风的这篇《雪雕冰神》写得太好了，以至于我读到完全忘记了其他事情，只是一边读，一边做一点错别字的纠正、格式的调整。你在这部作品里，写到了"风兰，雪神的第12个孩子——冰系法术精灵"，还有她的哥哥"水系法术精灵——克里"的长大和变形的丰富精彩的经历。雪神的十二个孩子，在你的设定里，变得如此地丰富多彩而且美丽绚烂，他们是不同的神，带领风兰逛遍了整个世界——"我跟着大哥老虎火神参观了茂密的树林；跟着二哥灰熊甜蜜神游览了蜂蜜山岩；

随着三哥野牛强壮之神见识了高原的壮丽；随着四哥猿猴树神看到了树顶的秘密；跟着五哥羚羊草木神认识了草原的魅力；跟着六哥黑豹夜神参观了黑夜中的丛林；和七哥松鼠敏捷神知道了树洞中的世界；和八哥野猪凶猛神认识了泥潭的内涵；和九哥蛇诱惑神游历了爬行动物的王国；和十哥田鼠建筑神参观了狭小的地下王国。而和克里，鲸鲨水神的冒险才是最有趣的。"这一段特别精彩，我很喜欢，情不自禁地、不得不引用在这里。你的想象，在这些精灵的精神和灵魂历练中，得到了提纯，而变成了鲸鲨的克里的好友大白鲨的战死，让他对生命有了新的体会。这是多么美好的神话童话，我超级喜欢。而且，你是放到了古希腊的神话的背景里来讲述的，让这种神的世界，拥有了坚实的叙事逻辑——当他们长大之后，去面见宙斯，并且跳入了神泉，发现了自己的凡俗欲望。而宙斯，就帮助他们变形，去人间历练。你们这些"小盆友"，大概都是各种水系火系冰系的小精灵，到人间来历练的。这是多么有意思的想象啊。

2 蜻蜓事件

木木水丁（林汀）　七年级

许多年以后，当我煽动着翅膀，面对着他冰冷的尸体时，我发现他的一生在我的眼前回放。而在无数个场景中，最主要的是那一个——当我知道他不会像其他人一样，有个正常的人生时。

我动了动。

原来我醒了？

我竖起耳朵，希望听见婴儿的啼哭或者是丈夫的轻声安慰。

没有任何声音。

怎么回事？难道说……

我的眼皮动了动，身边没人。

病房的天花板吓得脸都白了，我也一样。

　　"吱……"

　　门开了。外面传来一阵喧闹。我费力地扭过头。

　　丈夫走了进来："感觉怎么样？难受吗？"

　　"不，"我答，"孩子呢？因为什么事被抱走了吗？"

　　丈夫沉默了一阵。病房的窗户紧闭着，空调上显示30摄氏度，我却全身一凉。

　　"不会……"

　　他点点头，接着又摇摇头。

　　"吱……"

　　我心烦意乱地再次扭过头。

　　"先生。"穿着洁白的护士服，一个人走了进来。

　　我看到丈夫看着她。

　　那种表情我从没见过，但是我明白那代表着什么：死里逃生的希望。

　　"我们判断婴儿为脑部畸形。我们会尽量治疗，但是在此之前婴儿会丧失情感活动、意识活动等。更通俗的说法是植物人。"

　　我不知道该哭还是该笑。比我原来想象的好一点，但是也没好多少。丈夫埋着头跌坐在病床旁的椅子上，护士向我们职业性地笑了笑，退出房。

　　"我从来没有想过……"

　　"我也没有。"

　　一只蜻蜓停在病房的床头柜上。

　　我怀孕时，因为家乡的习俗，我在第一次检查是否宫外孕后就没有来医院检查过。我不知道如果我早点知道这件事后，会不会决定打胎……

"101号婴儿。"护士核对了一下手中的一个单子，"没错。"

我看着她把婴儿放到我身边的床上。熟睡着的他，与普通孩子似乎没有什么区别。

哦，忘了说了，孩子是个男孩。本来应该为孩子的性别欣喜若狂的人们都阴沉着脸，轻拍我的肩膀，叫我不要太难过。

难过？你们每一次提起这件事就是一次难过。

有几度我还曾想过如果我放弃这个孩子呢？放弃对他的治疗？那样做与杀死他无异。我们的经济并不是那么富裕，治疗孩子的费用我们可以承担，但是剩下的钱就所剩无几了。对丈夫会有怎样的影响？

我转身对丈夫说道："我们给他取名叫什么？"

丈夫的腿上摆着一本大大的新华字典："邱俅，小名球球，怎么样？"

"挺好的。球球。"我伸出手，将我们的孩子抱了起来，"这就是我的宝宝。"

"不对，"丈夫从我的手中接过他，"是我们的宝宝。"

从那一刻起，我知道，我肯定要尽我所能救治球球。

这一刻，一直是我人生中最好的时刻。

医生在球球出生一个星期后与我和丈夫进行了一番谈话："我建议您将他接回家治疗，先天性的脑部构造异常导致的植物人几乎都无法恢复意识。"

丈夫道："医院的环境对于植物人来说会有一定效果吗？"

医生道："我们能保证病人的生理健康，并对他的每一个活动做出分析，我们会提高病人的意识被唤醒的概率。"

"那就没有什么问题了，我们会继续在医院治疗。"

球球成长得很快。他不哭不闹，偶尔打喷嚏、哈欠。他有时会睁开眼睛，眼睛不受大脑控制地看着周围的环境，偶尔盯着我看的时间长一点我都会欣喜若狂。但是这只是自然现象。他不能自己获得食物，于是天天有挂在病床上的营养液给他输送营养。

我回忆起小时候过家家的感觉，那时，我扮演妈妈，孩子就用一个洋娃娃替代。球球……他没有意识，只是除了大脑外的所有器官都可以正常工作与洋娃娃不一样外，其他的与洋娃娃有什么差别？亲戚不断地拜访我，送给球球尿不湿、奶瓶、衣服等婴儿用品。我哭笑不得，尿不湿是由医院提供的，奶瓶是球球拥有意识之前永远用不上的，至于衣服，球球目前为止只能穿医院给的统一婴儿服。

坐月子的时间怪无聊的，我几乎整天都在给球球读故事。如果球球是正常孩子的话，肯定会被别人理解为父母很注重教育，感叹

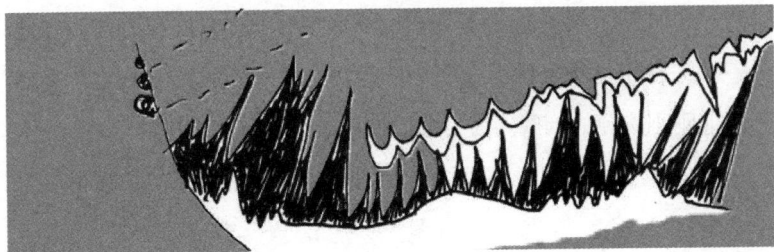

这个孩子以后肯定会很厉害的。但是因为是球球，所有人只是向我投来同情的目光。

我不在乎，听觉疗法也是治疗植物人的方法之一嘛。

我的孩子不会有一个正常的人生，他有可能会躺在这个病床上，一辈子。

窗外一只蜻蜓飞进病房，停落在窗帘上。

我出院了。

球球没有。

我要开始工作了，没有那么多时间陪球球了。

我的本职工作是银行职员，丈夫是公司白领，两人都没有空闲的时间。别人的选择应该是请一个保姆，但是球球是特殊的。他除了日常换尿不湿以外，没有什么需要保姆做的。他不需要玩耍，不需要陪伴，不需要妈妈。

我苦笑。这么说来，我还赚了？

"我想辞职。"我对丈夫说。

"是因为球球？"他抬了抬眉毛。

"嗯。"

"球球需要你全天陪着他吗？"丈夫问道。

"也许吧。但是这肯定是对他的治疗有益的。"我有些心虚地说。丈夫肯定会很犹豫吧。我们的经济条件……我的心一跳，突然想起他刚刚戒掉的烟瘾。为了我们的孩子，他是这么说的。

"好。"丈夫狠了狠心，我看到他紧握筷子的手似乎抓得更紧了，紧得发白。

　　"谢谢。"我小声地说。

　　我马上提交了辞职申请书。我们卖掉原本的学区房，在有孩子的家庭都不会住的小区买了一套房子。球球应该是不会需要上学了吧。

　　"我们还有钱吗？"我握住丈夫的手。他将我散落的一缕头发梳理到耳后，没有回答。

　　我理解。

　　我自己在家里搞点烘焙，在微店上销售。在其他妈妈学习如何教育孩子、打听早教学校、更换保姆时，我查阅了图书馆里所有的关于植物人的书，以及对于他们的疗法。我与医院里的护士熟悉，她们告诉我许多在医院里生活的小帖子，如怎样在医院的小卖部里面打折扣。久而久之，医院里面所有的护士我都渐渐认识。她们建议我不要将球球带到户外，怕出什么差错。我知道这是多余的担心，但是我还是听从了她们的建议。

　　"来了啊。"她们跟我打招呼。

　　"来了。"球球的病房更换到了一个朝南的房间，他相邻床位的病人一直在变化，只有球球的一直留在那里。

　　"女士，您真的还想一直让您的孩子在医院里面治疗吗？"有一天，在给球球做好检查与物理治疗之后医生问我。

　　我咬了咬嘴唇。我知道这对丈夫的经济条件会有很大的制约……

　　"继续治疗。"丈夫不知道从哪儿冒了出来，他看向我，"这是我们的孩子。"

　　"谢谢。"我靠在他身上。

有时，让我小小的任性一下吧。

丈夫向单位申请了提早一个小时下班，来看我们。破天荒的，单位竟然同意了。丈夫偶尔也会代替我给球球讲些故事，但是他眼神中的疲惫是我无法无视的。

"球球，等你醒来之后，就去纽约玩好不好？你会上学，找到很多朋友，妈妈也会正常工作，还有爸爸，他肯定在假装幸福的壳子下面更幸福一点吧。"有一天我抚摸着他的脸，跟他说道。

球球的眼睛漫无目的地睁开。我叹了一口气。我看着窗外的一只蜻蜓在玻璃上停着。我打开窗户，那只蜻蜓飞了进来。我忧郁地看着它。是不是应该把它赶出去？留在病房里面的话蜻蜓很快就会死掉的吧。

一阵欢声笑语传来。一对夫妇从医院里走来，那位年轻的妈妈牵着一个男孩。

"我们的灰灰要上早教班了呢。"

"找不到爸爸妈妈可不要哭鼻子啊。"

那个小男孩很不服气地朝他的父母吐了吐舌头。有一阵幻觉闪过，我突然发现球球的脸长在那个男孩身上。

不。那不是球球，球球永远不可能笑得那么开心的。

一阵下课铃响起。医院旁的小学放学了，一群孩子奔出校外，在医院门外的烧烤摊上买着东西，但没有一个是他。

我莫名泪眼。有一个人从后面抱住了我，我看也不用看就知道是丈夫。

"明天是七月二十八。"丈夫为我擦去眼泪，在我耳边耳语。

对了，明天，是球球一岁的生日。

我将近亲都邀请到球球的病房里面。我们唱了生日快乐歌。丈夫买来了气球，整个病房焕然一新。我们在病房里面分发着食物。然后我苦恼地看向球球。

莫非我要给他更好一点的营养液？我自嘲地想着。

球球的生日永远不会是为了他自己过的。他的生日是为我们存在的。

"明天我要出差。"丈夫搂着我，"位于上海的公司与我们要有一次联谊会，顺便还要开会。"

"多长时间？"

"一个月。"

"我好想陪你去。"在我们结婚时就商量好的，永远不分开，在我怀孕以前他有什么外地会议，都是他去开会，我在宾馆里面等他的。

"嗯，但是你要陪球球。"丈夫走了。

对不起。我望着他的背影想道。

一个月后。

我在机场等候着丈夫。

我看着丈夫一脸疲惫的从飞机上下来，穿着他出发前那套衣服。

看见我，他挤出微笑。

"我们去吃顿好的，庆祝你回来？"我拦下一辆的士，问他。

他点点头。

说是好的，其实就是去大排档里面炒几个菜而已。

我看着丈夫大口大口喝着啤酒。我张开嘴巴，想要问他会开得怎么样。但是看他狼吞虎咽的样子，我决定还是等他吃完再说。

结账了。丈夫拿手机扫了扫支付宝，却跳出余额不足。他换了银行卡、微信，但是都提示余额不足。难道他没带现金？不会啊，丈夫不是那么粗心的人。

我在自己身上摸出了所剩无几的几百块钱，匆匆付款。

到底怎么回事？

我推开门，踏上回医院的路上。丈夫有什么心事，这我知道，但是我不想在他没有准备好告诉我之前就问他。

九月份已经开始冰冷的风吹在我们脸上。

"对不起，"丈夫突然抱住了我，带着哭腔说道，"我们离婚吧。"

离婚？这句话如一个晴天霹雳般将我的脑袋扭曲。

"我被炒了鱿鱼。现在我连吃饭付款的钱都没有，更别说支付球球的医疗费……"

他的眼泪滴在我的脖子上，火热火热的。

"什么时候？"

"从我申请早一个小时下班开始。"

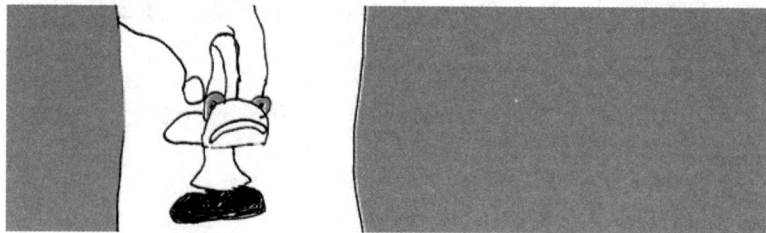

"什么？你不需要这样的！"我转过身直视他的眼睛，"我可以照看球球，你完全不需要提早一个小时……"

丈夫直接无视了我的话："从那以后我一直在找工作，这个月我坐飞机甚至去了外地寻找工作，但没有一个我能面试得上……剩下的工作，连我自己都养不起……"

我知道事情已经无法挽回。他肯定挣扎了好久才提出离婚的。

"为什么不告诉我？"

"对不起……"

我们两人都哭了。我知道就算这次我不让他走，我也只会连累他。

我捏了捏他的手。

离婚手续匆匆办好。丈夫把房子与所剩无几的财产留给我，球球的抚养权也属于我。他每个月都会打来一笔抚养费。

但是我慌了。这个月的医疗费还没交，银行贷款也还没有还清。

我到底应该怎么办？我找了一份工作，做最脏的活，预支了一个月的工资，但是晚上还是坚持陪着球球。我在相亲网站上发布了自己的简历，如果能找到一个经济条件好一点的丈夫……有时我会很讽刺地看着镜子中的自己，你早点决定工作不就好了吗？为什么一定坚持陪着球球？

然后我突然想到一个选项：放弃球球。

但是我做不到。从丈夫给他名字的那一刻起，我就知道我做不到。

在其他妈妈教孩子说话时，我努力让球球活着。

我知道我很顽固。最终，我肯定会放弃球球的吧？

"请再等一天！"我绝望地跟住院部的人不知道第几次哀求道。

住院部的人忧伤地摇摇头："这不是我所能决定的……"

我失魂落魄地走在外面下雪的大街上。一只蜻蜓陪伴着我。冬天的蜻蜓？我已经没有精力去想。突然，一个小石子如凭空出现一般将我绊倒在地。我无力起来，如果我坚持在这里永远跌倒会怎么样？有人会将我送往医院，在那期间，球球可以继续留在医院里面是不是？

"起来。"一个沉稳男声跟我说道，抓住我的手。

我使劲将自己撑了起来："谢谢。"

"我有一笔交易，不知道你感兴趣不感兴趣。"

"如果是广告推销的话我不需要。再说，我也没有能力……"

"不，你有。我可以给你钱，很多很多钱。我可以让你儿子醒来。"

"你要什么？"我没有希望地问道，只是下意识回答。天下有这么好的事？

"不多，一个小小的代价。我想让你消失。"

"绝对不可能。"我自己都忽略了可能性，开玩笑地说，"我消失了还会有人照顾我儿子吗？"

"我会让你等到你儿子十八岁之后再消失。条件是，你身边所有人不会再记得你。并且，有一个小小的赠品：你不会完全消失，你会变成一只蜻蜓。等到你的儿子死了之后，你才会消失。你可以看着你儿子成长。"

"可以啊。"如果这笔交易能实现的话，我真的是赚到了。

"就这么决定了。"

等等……蜻蜓？！蜻蜓？！为什么我会在意蜻蜓这两个字？

我不知道我是怎么回到医院，怎样在住院部所有人惊讶的目光下从钱包里掏出一大堆百元钞票交给收费处。

我回到球球的病房。等球球十八岁的时候吗……还有十六年多，差不多十七年。

时光流逝。

我看着我的妹妹结婚，生下一个非常健康的孩子。我看着球球到了该上学的年龄，看着他的面容变得越来越像他的爸爸。我辞掉我的工作，我的钱包里有数不完的钱，我买了新的房子，将球球换到一家更好的医院里面。球球六岁时，有一天我路过一座教堂时，我猛然惊醒，发现球球的面容跟我在教堂里看看到天使的面容有许多相似之处。

球球是我见过最白的亚洲人，因为他从没有在阳光下行走过。他到现在还必须使用尿不湿，他的身上没有一处伤疤，我每个月都会请人帮他修剪指甲与头发。

我承认，我无法想象如果球球是正常人的话他会变成什么样子。

再看我的变化。我的相貌比我的实际年龄更加苍老。但是最显著的一点……我背后长出了翅膀。那种蜻蜓的翅膀。我伸手触摸它，但是发现我无法做到。这翅膀像不存在一样，我无法触碰它，别人看不到它。我知道，随着时间的流逝我的身体会完全变成蜻蜓，然后在球球成年时，蜻蜓的虚像会变成实像。

　　我这样生活着。有一点像噩梦一样伴随着我：我经常会发现一只没有翅膀的蜻蜓。

　　就这样继续过了好几年。我看着跟球球同岁的孩子参加中考，然后我知道，有一天他们会参加高考，我不再会是球球的妈妈，而是一只我拍死过无数次的昆虫。我的手变成了昆虫细小的足，我的身体变得细长。我变小了。可是，当我接触到它们时，我触碰到的还是一个人类的身体。而那些噩梦的蜻蜓，只剩下头是蜻蜓，其余的，都是人。

　　我恐惧地尖叫。我并不厌恶昆虫，但是看它们成为我……我害怕，我欺骗我自己，我去看心理医生询问他们为什么我会有这种"幻觉"。

　　直到有一天，我发现，第二天就是球球的十八岁生日。我珍惜着这一天。我看着病床上熟悉却陌生的小伙子，我竟然在走进病房时会期盼看到婴儿时期的球球，看到这个小伙子时会有一种恐怖的陌生感。

　　我拥抱了他："球球，你马上要醒过来了。"我看到他的眼皮睁开，瞪着前方。

　　我不知道是什么滋味地看着他的脚与手。他从来没有行走过，脚还是像婴儿般稚嫩，手上也没有任何茧。我的心里响起一个像倒计春晚一样的倒计时。

　　我的心在尖叫，我冲出医院，一直奔跑到自己完全没有力气时才停下来。我看到我身后的翅膀振了振。别急，我想道，你们马上

就会派上用处的。

　　不知道为什么，我不愿意回到医院，于是就走着。

　　倒计时越来越响：还有一个小时。

　　我慌乱了。我这几年到底做了什么？我回忆过去，发现只能回想起球球还是一个婴儿的时刻，我逃避现在，我又不愿意展望未来。我的心里想起一句诗：黑发不知勤学早，白首方悔读书迟。我不悔，却从心底里嘶吼：我到底在干什么？时间都去哪里了？

　　一滴水，落在我鼻子上。我伸出手，一滴水掉在手心。下雨了？那滴在手心的水慢慢变形，变成了一个人。

　　我不可控制地颤抖起来。那只蜻蜓已经变成人类了，那么，我也已经变成了蜻蜓。我仔细聆听倒计时，却发现，没有了。

　　我变成了一只蜻蜓。我笨拙地扇动翅膀，学习飞翔。我飞回医院，看着球球病房聚集着医生，看见球球发出第一个声音。

　　球球已经变身过的声音像个婴儿般说着婴儿语。他举起一只手，指着我，发出了他第一个词语："蜻蜓。"

　　昆虫不会哭，所以我飞走了。

　　球球以惊人的速度成长着。不是身体上的，是心理上的。第二天，我回到病房时，球球已经变成了一个真正的成年男子，收拾着自己的行李，要离开医院。

岁月如梭。我看着球球找到工作，结婚。我看到他的妻子的肚子一点点鼓起来，我听到球球跟他的妻子说："我们家乡有个习惯，不能在生产前检查……宫外孕除外。"我看到他将妻子送到医院，看到球球焦急地在手术室外面等待着。

我看到护士走了出来："先生……很抱歉通知你，你们的女儿，好像是个植物人……"

我惊呆在原地，球球也是。

几个小时后，球球走回病房。我听到里面的说话声。

"我从来没有想过……"

"我也没有。"

我飞进病房，停在床头柜上。然后我突然记起，上次这个时候时，好像，床头柜上也有一只蜻蜓？

我继续陪伴在球球身边。我回想着上次见到那只蜻蜓的时候，与我出现的地方完全吻合。我看着球球的妻子提出离婚，离开了他，我看到球球跌落在那年冬天的雪地上，看到那个陌生男人走来。

陌生男人提出了那个建议。

不！不要答应他！我尖叫，尽管我知道这肯定毫无用处。

他答应了。

我看着我的身体变回人类，看着球球一天天变成蜻蜓。

然后，球球女儿的十八岁生日临近。

球球奔出医院，完全变成蜻蜓的那一刻，球球的女儿哭了，发出好几声婴儿语，我……

我看到我的灵魂离开了身体，看到球球的灵魂住了进来。

我消失了。

叶开老师评：

　　木木水丁的这个《蜻蜓事件》写得非常凄美，读了感到非常震惊。一个妈妈生了一个"植物人孩子"，她和丈夫一直努力地把孩子放在医院里，抱着最后一点的希望，希望他能醒过来。但是，医院的治疗费用，渐渐地就花不起了，丈夫已经尽力并且最终耗尽了一切，离婚把房子等留给了"妈妈"和孩子。然而，即便如此，也还是无法支付继续的医疗费用，然后，出现了那个神秘人，建议"妈妈"做一个交易：孩子长大，她变成蜻蜓消失。这个事情，在变化过程中，你写得很细腻、敏锐、感伤，尤其是感受得到、摸不着、别人看不见的翅膀的长出。然后，发现从植物人中醒过来的儿子，健康地生活，结婚，也有了孩子。最惊讶的是，他的孩子也是"植物人"。这个重复，是非常悲伤。我觉得，那个"神秘人"所代表的什么力量，你如果能写出来到底是一种什么力量，也许会更有力量。为何会这样，是一种宿命，还是一种偶然？那种能让"妈妈"变成蜻蜓的力量，代表什么？是道德？上帝？还是宿命？是重要的环节，所以，要想清楚，写出来。

3　八只触手

时践（时浩扬）　七年级

　　"怎么又少订正一遍？上课的时候不是说过错一罚二十的吗？"

　　诺拉低着头，默默地站在那儿。

　　"说啊！为什么？"

　　"乌里姆老师，对不起，"诺拉结结巴巴地说，"我太困了，上课的时候睡着了。"

　　"这就是借口吗？为什么其他同学都不困，你就睡不醒？上课不听讲，还不如回家睡觉呢。"

　　乌里姆老师抓起诺拉的本子，往地上一扔："少抄的句子一句抄一百遍，明天交给我！"

　　诺拉一声不吭地捡起地上的本子，在全班同学的一片寂静中回到座位上，默默地等待着放学回家。

　　"过来玩啊？"诺拉的朋友们招呼她。

　　"不，你们玩儿吧。"

　　外面正下着大雨，雨点猛打在窗户上。天色灰蒙蒙的，教室里又闷又热，这使诺拉心情低落。他们正在上活动课，由于天气原因，乌里姆老师安排同学们在教室里活动。一大群人坐在教室的正中间，正热烈地说着什么，有十来个人在玩游戏棋，还有几个人在自己的位置上看书。

　　今天晚上又得熬通宵了，诺拉心想。她怎么写都写不完。那五十个句子，每个抄一百遍，手不废了才怪。

　　从四年级开始，一切都变了。每天晚上作业都要做到半夜十二点钟，除了抄，还是抄。从早上抄到晚上，从家里抄到梦里。自己在抄什么？不知道。只是自从四年级开学以后，学习成绩越来越糟。

　　"爸爸妈妈，我回来了。"

　　"嘿，宝贝儿。今天过得怎么……"还没等爸爸说完，诺拉就走进自己的房间，关上房门。

　　"她怎么了？"妈妈穿着围裙，从厨房里走出来，担心地问。

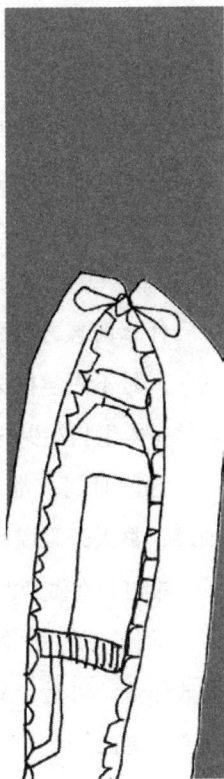

　　"可能是学校里的学习负担比较重吧。"爸爸说，"我看她有点无精打采的。"

　　比较重？诺拉心想，比较重……哼，这"比较"得让人求生不得，求死不能。用地狱形容它一点也不为过。上学比工作还累，没工资，没福利，一点知识都没学到，还整天在学校里受煎熬。不说别的，只要能在十二点之前睡觉，她就满足了。

　　什么时候才能解脱啊？她放下笔，开始思索。假期是靠不住的，只是不去学校罢了。每天如果不拼上三四个小时根本做不完。这就是人生吗？少睡上千个小时，为了什么？就为了一场考试？

　　这段时间，都发生了什么？诺拉绞尽脑汁，只想起笔在纸上划过，整天睡眼惺忪，乌里姆老师整天斥责。她不知道自己是怎么了。难道是在做梦？或者是自己得了什么病？

　　学校，是一个噩梦。诺拉不想去学校了，她想睡觉，她想快点完成作业。可是，又有什么办法呢？让爸爸妈妈知道了以后，事情会变得更糟。

　　诺拉吃完晚饭，回到屋里，继续做作业。

　　如果多长只手就好了，诺拉翻开作业本的时候想想，那样就可以很快写完作业，就不用在学校里挨乌里姆老师批评，就能多睡一会儿了。

　　她听见门把手转动的声音，爸爸走了进来。

　　"做得怎么样了？"他问。

　　"还有四篇语文阅读，抄写翻译二十个英语句子，一张应用题卷子和五十道递等式计算。"

"怎么还有这么多？你刚才不是一直在做吗？"

"是一直在做，但是实在是……太多了……"诺拉把刚到嘴边的"做不完"咽了下去。

爸爸想了想，又看了看表。"天哪，"爸爸说，"已经十一点了。要不这样，你先去睡觉，我帮你做。"

这倒是个好主意。终于可以早点睡觉了。

第二天醒来，诺拉精神很好。她狼吞虎咽地吃着早饭，早早地到了学校。看来一切都挺顺心的。

第一节上课前，他们去储物柜里拿东西。一个叫奥利弗的男生把她的东西撞到了地上。

"对不起。"他说，一边咧着嘴笑，"你昨天那一百遍够你抄到我们毕业吧？"

诺拉没理他。她不想把一天的精力都花在这个人身上。

第二节课下课，有个同学告诉诺拉，乌里姆老师让她到办公室去一趟。

她一推开办公室的门，就有一种不祥的预感。乌里姆老师的眼睛里闪着红光，像火一样，面前的桌子上摊着诺拉昨天的抄写作业。

"这是谁写的？"乌里姆乌里姆老师一见她就问。

"这……这是……"诺拉结结巴巴地小声说，"是我爸爸。"

"那你怎么不叫你爸爸来读书呢？你知道老师为什么让你抄吗？就是为了让你记住，以后布置的作业要按规定完成。你这样对得起谁？"

乌里姆老师越说越激烈。诺拉站在那儿，心都快跳出来了。这下可完蛋了。

乌里姆老师拿起手机："我必须得和你的父母谈谈。"

乌里姆老师坐在那儿，等着接通电话。

诺拉真不知道接下来会发生什么事儿。

过了好长一段时间，诺拉的妈妈走进了乌里姆老师的办公室。

她有些气喘吁吁，好像是跑着来的。

"诺拉妈妈，"乌里姆老师不等妈妈坐下就开始说了，"你女儿最近很不在状态。上课不好好听，回家作业也不好好做，这成绩马上就要倒数第一了。她昨天晚上的作业还是家长帮她做的，你能解释一下原因吗？"

诺拉看着妈妈，好像她们俩隔得很远。

"乌里姆老师，是这样的：自从开学以后，诺拉就说作业很多，每天晚上都得做到半夜十二点钟。孩子这么小就熬到这么晚，我们都很担心孩子的身体。所以她爸爸就……"

"诺拉妈妈，那你有没有想过学校布置作业的意义呢？如果家长帮她做，那能有什么收获呢？老师这么做都是为了孩子好，让她提升成绩，考个好学校，以后有一个成功的人生。你们家长如果真是为了孩子好，就应该积极配合学校的工作。听说你也是老师，你不会不懂这个道理吧？"

诺拉站在一旁，静静地听着，足足有一个钟头。是的，妈妈也是老师。妈妈也会给她的学生布置一大堆作业吗？

最后，妈妈终于走了，头也没回，脸上刻着苦恼。乌里姆老师这才把双腿僵硬的诺拉叫过来，让她回家把抄写作业再做一遍。

诺拉回到教室，上午最后一节课已经快结束了。下课铃响了，她连午饭都不想去吃。看来，没别的办法了，一丝希望都没了。

等等。还有一丝希望。

诺拉拿起笔，飞快地写了起来。这学校里的时间不用白不用，还不如在学校里多做一点，回家就不用那么累了。

一个中午的时间，她已经抄完了将近一半的内容，心中又燃起了希望。我怎么早没想到呢？诺拉一皱眉头。随即，她又笑了。现在想到也不迟啊。

快上课了，乌里姆老师走进教室。这时，奥利弗走到讲台边，当着同学的面，说："乌里姆老师，诺拉中午做抄写作业。"他并没有故意压低声音，所以全班同学都听到了，有的同学转过头看着她。这声音在诺拉的耳中回荡，差点把耳膜震破了。

乌里姆老师扶了扶眼镜，看着她："把你的作业本拿上来。"

诺拉有种欲望，想把奥利弗撕个粉碎。自己又没惹他，又没违反规定，碍他什么事儿？

乌里姆老师一页一页地翻看诺拉的抄写作业，看完了以后把本子一合，"呲呲"几声，把诺拉的本子撕得粉碎。

"你倒挺会节省时间的嘛。我说过回家做，你又没听！整个作业做五遍！"

五遍？这可是一个天文数字。二十个句子，每个本来抄一百遍，现在总共再来五遍，相当于一万个句子。这是要做死人啊？

然后，乌里姆老师拍了拍奥利弗的肩膀，对全班同学说："因为奥利弗同学向老师汇报了真实情况，下次考试成绩提升一个等级。"

奥利弗满面笑容地回到座位上，诺拉恨不得用眼光杀死他，灼烧他，把他化成灰。

放学的时候，诺拉走进家门。爸爸跟她打了个招呼，说妈妈正在书房。诺拉放下书包，走过去一看，发现妈妈正坐在桌边一脸愁容，连门开了一条缝都没注意到。

诺拉轻轻地回到自己的房间。现在真的没有任何办法了，就自生自灭算了。

诺拉趴在桌子上，睡着了。

她梦见了阴森的学校，闪电划破了夜空。她梦见自己变成了章鱼，伸展着长长的腕足。湖水又冷又黑，但是她喜欢在水中游动，喜欢这一切……

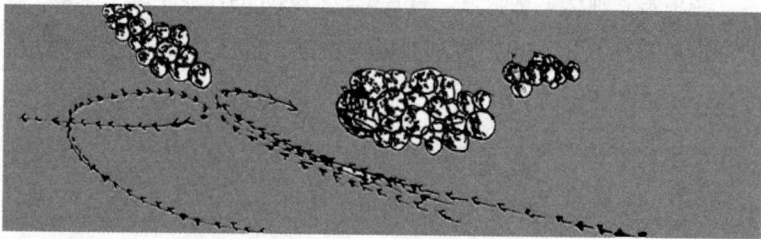

诺拉抬起头，看了一眼时间。现在已经晚上九点了，整晚不睡觉也做不完那些作业。她低下头准备继续睡。

但是她睡不着，身上有什么东西让她很痒。她想用手去挠，却发现手臂变成了长长的、长满吸盘的触手。紧接着，更多的触手长了出来，总共六只，加上原来的就变成了八只。这些触手好像以前吃的八爪鱼。不，比那个大得多。她低头一看，身体没有变，只是有了八只触手。

这是在做梦吗？难道刚才做的梦没做完，这是那个梦的续集？不，我肯定傻了，诺拉想，一边看着自己的触手。她用一只触手卷来杯子，把水泼到自己身上。没错，是真的。她能感觉到凉水泼在自己身上，但是，她很喜欢。水好像酷暑的凉风，好像严寒的火炉，让她无比舒畅。她又泼了几杯水，然后才意识过来，这好像不是一个梦。

那现在该怎么办？这么多的触手能干什么？

那还用问？不过得先试一试。诺拉用触手拿起笔，在纸上写了一行字。字迹和以前一样，而且触手十分灵活。她从笔筒里抽出八只笔，一个触手卷一支，开始写起来。八只触手都在同时写一样的东西，所以不会大脑不协调。

诺拉写完了一行又一行，写完了一页又一页。当她放下笔的时候看了一下表。现在才十点。这就是说，她用了一个小时完成了原先要八个小时才能做完的事情。当然，这还得靠她的八只触手。

十一点钟的时候，当爸爸走进诺拉的房间时，惊奇地发现诺拉已经睡着了。

"今天有什么不对劲吗？"爸爸挠了挠头，又咧嘴笑了。有什么问题能比女儿的健康更重要呢？

接下来的一个星期里，诺拉每天都在十点钟前上床睡觉。她的成绩正不断提升，写作业的速度快得惊人，还有，她熟练地掌握了变形的技巧。当她一个人写作业的时候，需要变出八只触手，其他时候就像平常一样。

妈妈感到很奇怪，难道乌里姆老师找自己谈话对诺拉的作用就这么大吗？于是，在一天晚上，她悄悄推开门，走进了诺拉的房间。

"哦！天哪！"妈妈发出一声尖叫。她看见诺拉的脸坐在书桌前，用章鱼的八只触手在写字。

诺拉被吓了一跳，想变回来，但是好像不对劲。她的全身都在改变。两条腿消失了，上身变成了红色，变成了一只真正的章鱼。

"诺拉，是你吗？"

诺拉想回答，却发出了一声奇怪的叫声。她一回头，用触须卷起桌上的一支笔，在纸上写道："妈妈，你别为我担心，我很高兴我变成现在的样子。那么早做完作业，还能早点睡觉，我真的很快乐，很自由。"

妈妈看了，眼泪唰地流了下来。为了早点完成学校的作业，女儿竟然变成了这个模样。一切，真的都是值得的吗？眼看着自己心爱的宝贝女儿变成了一只章鱼，实在是再痛苦不过的事。

妈妈的叫声惊动了爸爸，他跑了进来。发生什么事了？为什么这儿有一条章鱼。诺拉呢？

妈妈把诺拉写的纸条递给爸爸。爸爸也流泪了。

他们抚摸着诺拉的触手，一边流泪，一边喃喃低语："哦，可怜的孩子……"

诺拉不明白，为什么爸爸妈妈不开心呢？他们没有失去她，只不过自己变了形而已，为什么他们会哭呢？

夜深了。这时，电话铃响了。妈妈拿起听筒，放在耳边。电话那边传来一个犹犹豫豫的声音，是妈妈班上一位学生的家长。

"您好，我是凯恩同学的家长。今天作业有些多，孩子到现在还没做完，他太困了。可不可以让他明天补好交给您？"

妈妈的心中又如刀绞一般。

"好的，可以。孩子身体要紧，让他先睡觉吧。"

叶开老师评：

时践同学的《八只触手》写可怜的小学生诺拉每天忙于做作业，几乎天天做到晚上十一二点都来不及完成，然后被"为你好"的老师乌里姆不断地惩罚——罚抄二十遍！二十遍之上再罚抄五遍！而且，都是那种完全非人性的"惩罚"。这种惩罚，对于真正的学习毫无帮助，只会让孩子越来越厌学，越来越劳累，而至于对上学有什么意义产生深深的怀疑。我个人一直批评这种"惩罚"式作业，尤其是罚抄二十遍之类的。因为，这除了能树立老师的"权威"之外，毫无意义。一句话如果错了，订正即可。一个字写错了，最多重复几次，目的是为了真的记住，而不是惩罚。在这里，乌里姆老师已经进入了变态的"惩罚"唯一目的了——而且打着"为孩子好"的旗号，实际上，这是摧残人性。最后，我们的小主人公诺拉为了完成这 "天量" 的作业，"异化" 了，变成了一只有八只触手的章鱼。这样，她八爪开工（而不是左右开弓），终于是做作业如 "斩瓜切菜" 般势如破竹了。但是，这又有什么意义呢？时践写得很生动，但越生动，我读了就越感到心里沉重。我推荐老师和家长都来看看这篇文章，时践的独创《八只触手》是对今天这种非人性教育的最直接、最贴切的批判。

4　狗　人

新桐（徐洁琦）　五年级

　　我以前造下的罪，就不停地在我身上循环——永远，永远……

——引子

第一章　罪人

　　在人间，　我，11号罪人——玲，因犯下基因改造罪，被判处死刑。

　　我淡定地在最后一晚上睡着了，静静地等待着黎明。

　　早上，我准备掀开被子，却发现手不灵活，我走到镜子旁：

　　"啊啊啊！"

本来想大声尖叫，口里却发出的是"汪！"这几声汪汪叫声可把狱卒给叫来了，他一看见我便取出对讲机，对着法官大声报告："死刑犯改造成功！"

法官赶到，还没等我弄清是怎么一回事，脖子上就被套上铁索，扔进了收养所的大楼。等等，先让我搞明白再说。

第二章　顿悟

我过了整整三个小时才明白……我被改造了！ 他们当时没收了我的狗种改造基因液，嗯？我前天的晚饭里有怪味，应该是他们把基因液下在了里面！

刚把这桩事儿理清楚，牵着我走的管理员打开一扇铁门，把我粗鲁地往里一拉，"嘭"的一下关上门走了。里头有一个用硬木板搭的、上面盖着布的狗窝，还有两个吃饭、喝水用的狗盆。除此之外什么都没有了，我无聊地趴下来思考人生（狗生？呜呜）……

第三章　生活

收养院的生活枯燥无味，那些"正宗"的狗天天吵吵闹闹，一点意思也没有。也有许多人来收养猫、狗……对我评头论足，说这里不好，那里有缺点。直到有一天，一个女人来到收养院，带走了我。我到新家后，过得一点也不好，那女人家的几个孩子天天逗我玩，搞得我不得安宁，终于……我忍不住咬了一个小孩。当然又被送回了收养院，我的笼子前也挂上了"前科牌"，自此之后，所有来看我的人，凡是想领养我的，一看我当时的历史记录……都惊而却退。

第四章　结果

待在领养院已经三个月了，还没有人领我走，法官来看过我一次，同时也领走了一只狗。我要被执行安乐死，临刑前我亲眼看见了那些猫狗的绝望。不，我不要就这么死！一下挣脱拴住我的绳子，跑了出去……

"抓狗啊！狗跑了，快去拿网子！"可人们的两条腿怎么比得过四条腿呢？我藏了起来，等风头过去了以后，我才出来继续赶路。

但好景不长，一辆车停在我边上，上边有很多装着流浪狗的笼子……完了！遇到了狗贩子！我拔腿就跑，一个麻醉子弹射过来，我被射中了，一股睡意袭来，我昏昏沉沉地睡着了。

第五章　集市

药效过去后，我醒了过来，在一片喧闹的集市上，聚集着很多装狗的笼子。因为我所待的摊子就在集市的大门口，只见门上写着几个大字——玉林狗肉集市节！

对！我怎么把今天给忘了呢？今天是狗肉节……我的命算是走到头了！这时，来了一个小伙子，说："老板，一斤狗肉是多少钱？"

"一斤15元，两斤25元。"

"是现杀的吗？"

"是现杀的，新鲜着呢！"

"那好，来一个三斤的狗肉火锅，一共七位。"

"先把狗选好吧！（然后指着我）这只怎么样？"

"太瘦了！不行，要它左边那只黑狗。"

黑狗被捕狗夹夹了出去，放到了一个不知沾染了多少狗鲜血的木板上。捆好，老板拿起一个大锤子向狗头砸去。黑狗用绝望的眼神看着锤子，使劲做着毫无用处的挣扎，还没叫出声，脑浆就已经飞溅了出来……

我今天算是逃过了一劫，晚上，狗贩子收摊儿了，明天继续卖（狗肉节一共三天）。

第二天，卖得就没那么顺利了，原来是由几万人组成的爱狗队来了。他们有的拉着横幅，有的打着口号：

"严厉打击杀狗，支持爱狗行动。"

"它们也是生命，也有自己的尊严！"

"可以不爱，但请别伤害。"

……

阻止杀狗行动后，爱狗人士开始救狗。因为对狗的知识了解不充分，傻乎乎的狗贩子一般开价不会超过300元。因此，很多平常卖

3000到4000多元的狗就这么被卖了出去。我静静地看着一条一条狗被买走。这时一个二十出头的小姑娘指着我问："这条哈士奇怎么卖？"

老板翻了翻白眼："管他什么种……300元成交不？"

What？我怎么变成了哈士奇？我一直以为我变形后是一只土狗。

小姑娘见挺便宜，一口答应了下来："成交！它旁边的那只金毛我也要了。"

就这样，我和那只金毛一起被小姑娘救走了。出于报恩，我特别听她的话，后来因工作原因，她要调走了，把我和金毛一起送给了别人（她的一个朋友）。当天晚上，我就逃走了……既然不能报恩，那还有什么意思呢？在自由和继续待下去两个之间，我宁可选择自由。

第六章　恢复原形

由于当时狗种基因液在实验中还并没有完善，时间也不能稳固，因此一年后我便恢复了原样。我找到法院，向他们发誓以后再也不干坏事儿（那段时间我虽然违了法，却在基因研究上面取得了很大的成就，让基因技术又更上了一个台阶）。同时，作为狗生活了一段时间后，我也体会到了人类的罪恶。最后，我想说："用心去爱护身边的每一个生命，因为它也有自己的思想和尊严！"

叶开老师评:

哇,新桐现在真是不得了,写作简直是又快又好! 而且,这个用基因变形液变形的设定,也比较现代,比较合理。最重要的是,你的这个作品是有一个核心指向的:"支持爱狗,反对杀狗。"只不过,你的这个鲜明的态度,不是喊口号,而是通过一条狗,是由科学家变成哈士奇的可怕经历来演绎的,合情合理,合乎逻辑。写到被狗贩子抓住送到玉林狗肉集市节的那个部分,我被你吓到了,尤其是那条可怜的大黑狗被按在木板上,被狗屠一锤砸得脑浆迸溅。说老实话,"脑师"的眼泪都流出来了,非常震惊,非常感人。你这篇作品,爱狗人士看到,一定非常赞美。感谢你的爱,并且用写作来实现这种爱的分享。

5 转换——我/物/时

雪穗·茗萱（朱硕）　六年级

　　我身上发生了一件非常怪异的事情。我现在变成了一个不明物种。我的身体缩小成一个不平的平面，被分成了许多块，变成了酷酷的黑色，我身体的每一块上面都用白色的字标明。还有一双我很熟悉的手在我身上敲来敲去，打得我痛苦不堪。

　　之前，我还认不出来我是什么。可是现在，我认出了自己。我现在，变成了笔记本电脑上的键盘。而不断敲打我的，是我自己——曾经的我自己，拥有人形的我自己的手，正在写作业的我自己的手。我突然有点痛恨"叶开陪你深阅读"了，也痛恨我自己，为什么每次都要写那么久的文章？

　　我知道了，这一切都是一个阴谋。而主谋，则是陪我深阅读的那个某人！我抬头看了看正在认真敲打我自己的我自己，想出了一个问题：为什么我会在同一个时间与空间以不同的生命形式——现在的我有"意识"，我现在也是一种生命形式——看见不同的我自己，并且拥有两种意识，并存的两种意识。正在敲打键盘形式我自己的人形我自己，又正在看我的键盘躯体。我拥有两种意识，可以同时从人/键盘/其他物的方式去生活，看见不同的自己，比魂器还厉害！键盘不是我生命和灵魂的载体，而是同时生活的生命方式。我尝试再次分离一个生命方式，这次会变成什么呢？

　　我的身体继续缩小，成了一个四四方方的扁平物体。特别的扁，特别的瘦，瘦到了我无法承受的地步。我试着伸开手臂，试着站起来，试着翻身——可是我做不到。我的身体特别的光滑，正、背面都是这样。我的肩膀上还长了一个好看的小凸起，脚上长了一个洞。我这么描述自己可能不怎么实际。可真实情况就是这样。说起来任何人都会知道这个东西是什么。我再次分离成了一个智能手机。我脚上的洞，应该是耳机孔吧。人形的我自己离开了键盘的我，来到了手机样子的我面前。当然，这个动作还是由这三个我的整体意识来决断的。人形的我通过眼睛收集到了手机样子的我的模样，交给大脑，交给我的意识，发送给三种不同生命形式的我的意识里。我认识了自己的形状，因为手机形式的我无法看到自己是什么样子。我刚才运用意识贯通了三种生命形式的我自己！

　　手机样子的我尝试着各种动作，比如站起坐下，这些都不行。到最后，我只有"开机""关机""下载""搜索"这几个动作成功了，这还是借助人形的我的力量完成的。不过我练习了意识上传，这件事也是很好的。我尝试收回我在键盘里的生命与意识（因为我如果敲打自己的话，另外的生命形式也会感觉到疼），这也成功了，只留下了键盘的空壳子，当然，键盘还可以用，只不过键盘里面没有生命，没有意识，只是一个很好用的设备而已。现在，"叶开陪你深阅读"又成了我最喜欢的课程了。

这是非常棒的。不过，现在我又有了一个点子。如果我可以随意成为某一种生命形式，那么，我是否可以成为时光机，到达我想要去的某一段时光后，分离出我需要的另一种生命方式来完成这次旅行？应该可以吧。可现在有一个非常重要的问题，每分离一个生命方式就会耗尽我的力气。如果分离出一个体积大的物体，我的力气就会消耗很多；如果是小型的物体，就会好一些。我现在还没有找到能够很好地补充消耗能量的方法，这是一大问题。如果我变成食物，我是不是能吃掉我自己，从而补充我自己？这又是一个问题。

"不管了，变吧！"本女汉子，我，铆足了力气，想着科幻小说里时光机的模样，想着我要去那里，我一定要去那里……结果是，"突然"这个词在我与自己竞争的比赛里，站到了我这一边。我感觉身体里的力气一下子被抽走了，我的腿好像不听使唤地软了

下来，胳膊也没劲地耷拉着，结果是我一下子就瘫倒在地。不过这个征兆代表着——我成功了！我收回了手机生命方式，反正那个时候没有互联网。休息好之后，给我妈留了个纸条，给她变了个名牌的包包，就捞起零食和一瓶矿泉水，一包我知道的生活在那个时代需要的工具，踏进了时光机。

我身体的两个生命方式同时向我汇报我感受到的情况。我直接将两种意识上传到两个生命方式的意识共享点。时光机体的我立刻感知到了人形的我的限制于语言的模糊意识，立刻自动启动系统，瞄准了人类仍是猿人的时代。

旅行中的我/时光机体的我有两种感受。我们现在正在四个维度的空间上旅行，沿着时间轴向后移动。我们在这个空间旅行，最可怕的事情就是在时间里迷路，当然在三维空间迷路也很可怕。我们只是在时间轴上不断后退，但我们的方位并没有改变。这次旅行的难点是，时间跨度比较大，我不确定那个时候的我有没有这种超能力，让我能完好无损地回到我亲爱的电脑前。所以，我必须万分小心。

也不知道过了多长时间，反正我认为过了一个世纪。时间尘埃的摩擦打在时光机体的我身上，有些不舒服；可在舱内的我却舒服极了。这种矛盾的感觉，倒挺像穿着厚厚的羽绒服吃着冰沙的感觉，又舒服，不过更多的是刺激。

到了。我爬下舱门，手里握着我刚刚分离出来的巨大盾牌。我瞄准的时空是人类刚刚开始使用石器的时代，所以为了防止被砸得看见满天星辰，我还是做好了万全准备。

我感觉身体有了些变化。天啊！我好像正在变成猿人!我悲哀地看着自己的手慢慢变得粗糙，躯体慢慢地变得体格庞大。我尝试打一个结，可最后仅仅是把那根绳子弄得支离破碎。我试了试我的能力，能力还管用！不过我自身可变不回原来的状态了。不过幸好，我脑子可没有任何退化。

我捞起地上一块碎石，朝远方打去。打偏了。我悲哀地看着我自己。想着，如果我连一个粗糙的结都打不好，那么，我还怎么玩电脑？怎么看书？怎么学习？可事实并不饶人。我发现我的语言功能也退化了。只能发出一些细如蚊声的声音，而且怪怪的。有什么想法只能在脑子里形成，不能在事实里，从人体形态的我的嘴里发出了。

我轻轻挪动着脚步，心里急得想哭。在这个原始年代，我所学的一切都是那么的没有用处。

不过我有大脑啊——不对，是机智的大脑。我可是智人！所以啊，趁着这和平年代，还是在这里多待一会儿吧。

我发现，猿人形态的我喜欢吃香蕉。这可简单了。我可是把香蕉带了一大串呢。我很快用香蕉换取了猿人们的信任。不过猿人们可不知道"信任"是什么鬼玩意儿，它们只知道杀猎物、吃猎物（生的，所以我吃零食和肉罐头、袋装蔬菜，当然是熟的蔬菜），知道有人给它们好吃的这个人就是好人，但是它们在关键时刻会抛下你，睡觉、收集骨头和用石头来打猎。不过在当时，它们划分领地，大清早的就朝着"对方"大喊大叫。那阵势，能把石洞都给掀了。我把时光机形式的我藏了起来，每天吃双倍的食物（时光机生

命形式的我也需要食物），以备随时走。那块盾牌，我收进了体内，挺费精力的。

我学会了打猎。我用结实的前臂从地上抓起一块大石头，瞄准目标后朝后拉伸胳膊，另一只手前伸定好方向，这时，用上身体所有的力气，将石块甩出去。这时，有惯性和离心力支配着我，所以，我靠这两种力气，奔向猎物，再朝它甩出连环石块。不要说我残忍。在这种环境之下，没有食物就活不了。在猿人的时代，活下去，就是唯一的希望。

我感觉自己的能力开始恢复了。我应该能够回到正常的时空了。我没跟任何人道别，他们根本就不在乎多一个人或少一个人。

我这次专心致志地变成了时光机，只留了一种生命方式。我通过时间轴，感受着时间的磨砺。我的手臂慢慢变细，骨架也慢慢收缩。我感受着金属皮肤与风的接触，也在俯瞰中看到了呼啸而过的历史长河……

当我跌坐在家里的客厅时，我看看钟，发现只过去了一个小时。

我妈还没到家呢!

我愤怒地收回了那个名牌包。

叶开老师评：

　　雪穗·茗萱的这个"我/物/时"的构想，简直太太太太……N个太地让我惊叹了，怎么想出来这样的构思呢？身为"脑师"我人到中年年近半百完全不可能了，我想不出这样的构思，也不敢这么干。你想想，你分裂成好几个"无机"的部分，又是键盘又是手机，喂喂，这个，还有一个人在大键盘，这不是大分裂吗？是人格分裂。哈哈。我想不出来，但是我喜欢你这么干，反正，你就是敢这么干了。这里面，其实有一个很复杂的"思想"，例如，在人工智能深深地出现在我们面前之前，我们很难理解"键盘兄在思考""手机姐在思考"这样的看起来怪异的问题。但是，"手机姐"用Siri在思考，很正常啊，有朝一日，Siri会变成强人工智能，这是毫无疑问的，我认为十年之内，人工智能将会大成，大大地成熟，如同悬挂在农庄上的果子。关键在于，这些人工智能会不会变成"超级人工智能"？这个是重大问题，我到时候很老了，希望你们能在面对这个问题的同时，想出办法解决它。例如，怎样与人工智能交朋友？找一个人工智能结婚？我爱人工智能？诸如此类。好吧，后面穿越时空变成了智人或者类人猿，这个不是很必要。

6　一切都值得

戒　月（曹文琼）　七年级

　　不敢想象，没有见过你的生活，哪怕是擦肩而过，也记得那般温热。为了感动，也试着默默的守候，渐渐领悟，想要的不再是结果。

——楔子

人　间

　　木下是一个孤儿，听说是很小的时候就被遗弃在孤儿院的可怜孩子，性格算是开朗，在孤儿院里的人际关系挺不错。他今年十四岁，却被查出患有遗传性疾病，只有百分之五十的概率能活下来。

本该是年少轻狂肆意绽放的年纪，却遭受了如此大的打击。木下就此一蹶不振。

孤儿院中与他关系好的几个朋友轮番安慰他，也都确实认为木下能撑过去。

直到一天早上一个同伴去给他送饭，看见躺在床上一动不动的木下，他们才真真切切地感受到恐惧。

送到医院，抢救，医生走出急救室……

明明发生在很短的时间内，却像几千年几万年那样漫长。

医生宣布说救回来了，但变成了植物人。能否醒来，全靠他自己的意志了。

鬼 界

我是一只藏匿鬼。

我出生在医院的抢救室，没有名字。

听几个孤魂野鬼说，我是由一个人类少年的意识变形而来的。

但我没有他的记忆。

我只知道我生来就是一只鬼，如果不在八月十五之前吸走一个年龄十字打头的少年的阳气，我就会烟消云散。

医院附近有一片刚建成没多久的小区，在三十号楼的401室住着一个16岁的少年。

我不知道我是怎么知道这些信息的，它们好像在我出生时就已经扎根在我的脑海中了。

我遵从天意，去到那个少年家中。

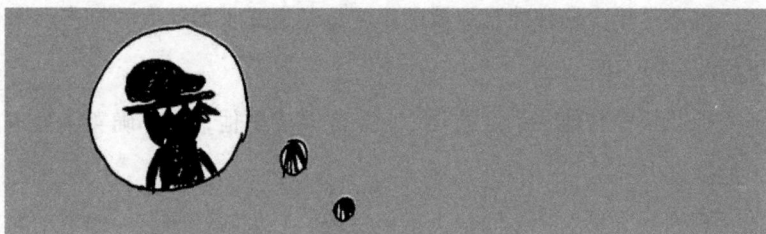

那个少年叫俞白，一个人居住。像他这样的人若是被吸走了阳气去世了，恐怕也要过好久才会被发现吧。莫名有些心疼他。

离八月十五还有三个月。

人类理应看不见我们，但我觉得俞白知道我的存在。

比如他会给我留下一个饼干盒作为我的住处，比如他会在出门前特意停留一会儿像是在等我，比如他会在我偷偷藏了他的东西再于心不忍地还给他时目光落在我所在的地方，比如他会在唱歌时朝着我的方向笑……

这样相处了两个月后，我竟然失去了吸走他的阳气的欲望。

好像保护他周全与保全我自己的性命相比，前者要更重要些。

这一天晚上，一个与我相似却比我大出许多的黑影落在我的面前。我下意识地知道他是我们的王，藏匿鬼的大王。

他像是知道了我内心的想法，阴沉着脸，满身煞气，一步一步逼近我，压低了声音对我说："你当真不想吸走他的阳气了？"

我刚想回答"当真"，却被他打断。

"你若是吸走了他的阳气，你就能永生，可能会获得肉身，甚至可能会直接升天成神。"

他步步紧逼，让我感受到了巨大的压迫感："但你若是不吸走他的阳气，那便只有一种可能，"他凑在我耳边，一字一顿，"烟消云散。"他突然又站直了身子，云淡风轻地说道，"你再自己想想吧。到底是保全他重要，还是保全你自己更重要。"

刹那间他就消失了，好像从没来过一般。

我仔细想了想他的话，发现有些不能理解自己。

我怎么会有要牺牲自己救他的想法呢？他又不是我的什么，他只是一个人，只是可以让我一直活下去的普通人。

可是，我好像已经离不开他了。

离八月十五还有半个月的时候，他去参加了一场歌唱比赛。我依旧像以前那样，偷偷趴在他身上和他一起去到现场。

那天的俞白格外帅气，不算太齐的刘海服服帖帖地贴在额头上，黑色线衫外披着深蓝色的风衣，黑色牛仔裤勾勒出他细长的腿形，背着一把吉他静静坐在凳子上。灯光彻底暗了下来，只剩下一束蓝色追光照亮了他的身影。

前奏响起，他微微垂头，低吟浅唱。

那是一首《一切都值得》，我曾听到他在家中零零散散唱过几句，却从没有听过完整版。

"不敢想象，没有见过你的生活，哪怕是擦肩而过，也记得那般温热。为了感动，也试着默默的守候，渐渐领悟，想要的不再是结果。也伤心过折磨过绝望过恨过，就从没想要放弃过；就开心的快乐的幸福的唱着，遇见过你一切都值得……"

他之后唱了些什么，我已经记不清了。我只记得当一曲终了之后，他的手抚上了他的肩头——那是我所在的地方，他摸不着我，手穿透了我的身体。

他笑着，对台下所有观众说道："这首歌，是献给我家的那位小东西的。我不知道他是谁，我甚至都看不见他，但我知道他的存在。我不能想象，如果没有见到你，我现在是否还活着。在他到来之前，我患有抑郁症，两个多月前，我有想过了结自己的生命。但他的到来让我坚持了下来。我要感谢他，遇见过你，一切都值得。"

离开场馆的时候天已经黑了，我趴在他肩上，在昏暗的路灯下一步步走回家。他微微侧头看着我，低声说道："小东西，你应该听见我对你说的那些话了吧。能告诉我你是谁吗，能告诉我你会陪我多久吗？"

我张了张嘴，想回答他，却发现发不出声音。

俞白又轻笑了几声："你应该也回答不了吧，就算回答了我也听不见你的声音。那就这样吧，你一直陪在我身边，不要离开我，好吗？"

我怔住。

那天晚上我一夜没睡，脑海里反反复复地播放着关于他的画面。他的手伸向我希望能摸到我，他焦急时目光落在我身上心情渐渐平和下来，他在我藏起他的东西后轻声说的"小坏蛋"，他对着所有观众说我是他的小东西，他侧头看着我时眼睛里像是有一片星空，他认真做事时长长的睫毛扑扇着看得我心痒痒……

好像再也提不起伤害他的念头了。

八月十五很快来临。我已经知道了我的命运，所以我反而什么都不怕了。

我陪在他身边，静静等着黑夜降临。再过不久，我就要消失了。

夜晚第一颗星亮起来时，我渐渐显现成了人形。在一刹那间，所有的记忆都灌进了我的脑海中，让我有些措手不及。

捋了捋脑海中的那些东西，我看着俞白开始说话。我知道他看见我了，也听见了我的声音。

"我是一只藏匿鬼。八月十五月圆之前我要吸走一个年龄十字打头的少年的阳气，我才能存活下来，不然就会是烟消云散。俞白，你是我的目标，可是你看，我对你已经下不了手了。再过不久，我就会消失了。我是由一个名叫木下的少年的灵魂变成的。木下他——或者说就是我，十四岁，是个孤儿，因为遗传病暴发而成了植物人。在我消失之后，你能不能来看看我，无论我有没有醒过来，无论我是不是还活着……"

天边渐渐出现了一轮圆月，我感觉自己的身体渐渐变轻，透明……

俞白对我说了些什么，我听不见，也看不清他的嘴型。但我知道，他是对我说"再见"。

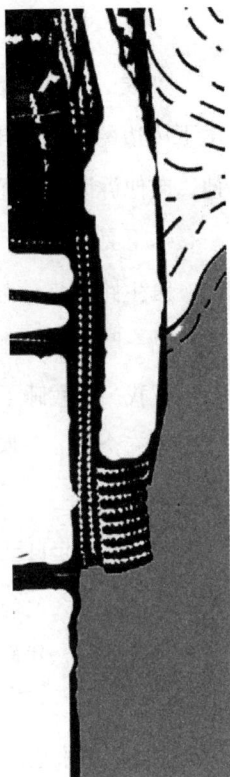

人 间

"诶，醒了，醒了！快来人啊！医生！木下他醒了！"守在木下床边的一位少年大声喊道。许多人匆匆跑来，围在他的床边看他，向他诉说着担忧和思念。

木下晃晃脑袋。好吵。

医生跑过来，赶走吵吵嚷嚷的那群人，简单地为木下检查了身体，说一切都好，静养一阵子就好了。

"我……我睡了多久？"木下说道，声音沙哑得不像他自己。

"三个月。"医生说道，"你能醒过来就是万幸，三个月其实不算长。"

木下想撑起自己的身体，却被医生按在床上，只得躺着盯着天花板看。

门被推开，年轻护士对医生说道："傅医生，有位先生说要见这位病人。"

"让他进来吧。"

护士关上门。不多久，门被一个十五六岁的少年推开。

少年走到木下床边。

"木下，我是俞白。你不要再离开我了，好吗？"

木下看着俞白的眼睛，点头。

那一刻，他眼睛里的那片星光，比窗外的星河更亮。

叶开老师评:

　　戒月也算是让我大开眼界了,这个构思,我一时还不怎么能适应,但是,我很喜欢从"木下"到"藏匿鬼"到"俞白"这样的变化。中间的媒介,就是鬼王说的,八月十五,你不吸他的阳气,你就不能生存,会"魂飞魄散",如果吸了他的阳气,你还可能"升天成神"。这是很核心的诱惑。很少人/鬼能拒绝这种"升天成神"的诱惑吧,毕竟,这是一种"活下去"的最艰难的选择。要放弃自己的"永生"而为了对俞白的喜欢,这个蛮难的。但是,"藏匿鬼"做到了,又返回到了木下的体内,这位"植物人"了三个月的孩子。这里,是因为"福报"吗?还是某种说不出来的更大的原因?

7 狼之魂

唐华景　四年级

依达睁开眼睛。

咦？

草原如同金黄的海洋，天空淡蓝，远处，羚羊、牦牛的身影在晃动。

怎么回事？

她不是在自己家里睡觉吗？这是哪里？

依达紧张极了，困惑极了。

突然，她看见了狼！

在茂盛的草丛中，分散地卧着三十来匹狼。

它们不像动物园里那些温顺苗条慵懒的狼。它们的皮毛厚密，带着野性的凌乱。它们的眼睛长长的，透出冰凉的目光。

那些公狼，有的少了只爪子，有的瞎了只眼睛，有的没有尾巴，有的歪了嘴，但狼牙狼爪仍雪白、锋利，闪着骇人的寒泽。

母狼都身段修长矫健，狼眼里一片嗜血的目光，傲慢地低低嚎叫。

见她醒了，一只浑身带着黑夜恐怖气息的黑公狼走过来。

黑公狼毛发黑亮泛蓝，黑色代表着征服与残酷，狼耳坚挺，鼻梁挺拔，浑身肌肉凹凸有致，四肢修长，狼眼飞斜，只可惜右半张脸上的一部分狼皮被撕去了，露出灰白的狼骨。

依达站起来想逃。

不对，腿怎么变成四只了？！

黑公狼伸出血腥、粗糙的狼舌，缓缓舔着依达的脸颊。

依达拼命跳闪，刚好跳到一个池塘边。

依达看见，池塘里映出一匹细长的狼影：

蜂腰长颈，体态婀娜轻盈，富有肉感的狼耳，蓬松可爱的狼尾，忧郁微斜的狼眼，一身金红丰美的毛发像灼灼燃烧的火焰，脸颊上有一块光洁妩媚的白斑。

这只母狼，是她？

她读过卡夫卡的《变形记》。难道，她，变形成狼了？

她试着晃动尾巴，耸动耳朵，提起一只爪子打量着闪亮的爪尖。

依达感受着风吹过狼毛。痒痒的，凉凉的。

嗯。狼的感觉。

黑公狼贴过来，叼着一只血淋淋的野兔，在她的唇前殷勤晃动。

一股浓浓的血腥味扑面而来，依达惊骇地盯着浑身是血的野

兔，觉得胃一阵抽搐。

如果是在平时，她肯定被吓得尖叫，但此刻她觉得饿了。既然她已经是狼……

依达矜持了半天，张口咬住一条兔腿，闭上眼睛不去看血，感受着锋利的狼牙轻松地插入柔软的兔肉，滚烫的兔血喷满口腔，腥腥的，甜甜的，咸咸的。

依达慢慢地挖出内脏，一咬一口血，又鲜又嫩。

黑公狼满意地看着，舔着草地上的兔血。

依达在狼群里生活了一段时间，渐渐知道了为什么狼群里那么多残疾狼：猎人的捕杀，猎物的反抗，疾病的攻击……

其实，狼的生活很艰难。

狼群永远一齐扑向猎物、敌人，毫不退缩。同伴的血，只会刺激它们的神经，让它们更加勇猛。

狼，其实是一种团结、智慧、坚韧的动物。

当依达从草尖上飞蹿而过，一口咬断猎物喉管时，她清楚地知道，不是她想杀，而是她要活。

狼并不是残忍的，是命运的残酷，让狼被迫为了生存而杀戮。这是自然的生存法则。

当依达的伴侣黑公狼——狼王修勒深情地舔吻她脸颊上的白斑，用毛茸茸的脖颈摩挲她的额头，把前肢搭上她的肩膀暴露出柔软的腹部时，依达觉得那是最美好的时刻。

狼是懂得爱的，并且，狼冰凉的面孔下的爱，比人还真诚，比人还火热。

依达最喜欢的事情，就是在夜晚，狼王修勒带着狼群登上凉凉的悬崖，静静地看着墨色沉沉的天空中闪烁的星星，朝着圆圆的白月放声嗥叫。

每只狼都坐在地上，庄严地昂着头，从喉咙中吐出狂野的长啸。

依达也虔诚地坐正，仰起颀长的脖颈，将狼耳驯顺地贴向后脑，闭上眼睛，"呜——呜——呜——"。

冷风呼啸，夜色冰凉，绵绵不绝的穿透力极强的狼嗥像魔鬼在哭泣。

这或许是一个特殊、古老、神秘的仪式吧。

依达最兴奋的时候，是捕杀牦牛时。

强壮的公牦牛们围成一个圈，保护着哞哞惊呼的母牛小牛，摇着长长的犄角，喷着鼻息，绷着肌肉，抖动着厚厚的牛毛。

长着角的公牦牛很难对付，狼的目标是公牦牛围成的保护圈内的小牛。

于是，狼王修勒舔舔依达的额头，依达立刻明白。

她领着一群母狼冲到牦牛圈的西面，一起放开嗓子嚎得天昏地暗，夸张地露出满口利牙。

公牦牛们不上当，依达干脆对准其中一头老牛直扑上去，扒住

牛角闪电般撕去牛耳。其他公牦牛吼叫着挺起牛角刺过来，依达迅速窜开几十米，叼着半只血淋淋的牛耳晃动嚼咬，炫耀示威。

公牦牛们有的勾着头冲过来，有的吓得直后退，乱了阵脚。

这时，狼王修勒瞅准破绽，领着所有强悍的大公狼从一旁跃出，像股沉默而恐怖的死亡旋风，径直冲进牛群，风一般扑向某一头牛犊，狼王修勒扑上牛背，四爪紧紧钉进牛皮，张嘴咬住挣扎的牛颈猛烈撕扯……

不一会儿，狼群就围住那头倒霉的牛饱啖一顿了。

依达喜欢这种血性、狂野的生活，喜欢在捕猎时迎着大风，感受着自己的速度与力量。勇猛无比，谁与争锋！

一天中午，狼群吃饱喝足，躺在草丝间休息，狼王修勒走到依达身边，一双狼眼像通了电流，目光又烫又亮。

依达慢慢地站直，温顺地看着狼王修勒。

突然，狼王修勒眼里的热情转为惊骇，长嗥一声，闪电般飞蹿过来，头顶住她的腰用力一撞。依达被推出两米远，她还没站稳就听见一声枪响，狼王修勒站在她原来站的位置，腹侧被射穿，一头栽倒。

狼群惊跳起来，嗥叫着四散逃开。

依达立刻明白了一切。

依达没有逃。

她对准远处草丛里站起来的猎人扑过去，空中划出一道死亡曲线，依达一口咬断了拦住她的猎狗的脖子，又像一道火焰烧向猎人，一口咬下猎人的枪。

猎人撒腿跑了。

依达听见狼王修勒的低嚎，连忙跑回去。她倚在狼王修勒满是鲜血的身体上，呜呜地哀号……

当依达再次睁眼时，她趴在书桌上，手里是被泪水浸湿封面的《变形记》。

叶开老师评：

　　唐华景在这部《狼之魂》里，写出了一个惊心动魄的《狼王洛波》般野性的草原世界。在这个世界里，狼的生存非常艰辛，他们的猎杀看起来血腥却是生存的必须，而且要冒着极大的危险。例如猎杀公牦牛的场景，写得惊心动魄，非常生动，而实际上依达冒着生命危险，也有被牦牛伤害的可能。狼的情感也非常细腻。尤其是，狼王修勒在发现猎人的猎枪时，奋不顾身地推开了依达，而自己中弹身亡。依达（狼）扑向猎狗和猎人，"空中划出一道死亡曲线"，写得非常生动。这部作品故事情节极其明朗，紧凑，虽然是一个"梦"，一个《变形记》的梦幻，但是，却栩栩如生，咄咄逼人。

8 移魂有术

黄铭楷　六年级

一

我是一个从事着特殊职业的人，至少我喜欢这么称呼自己。人们有着许多不同的称呼来称呼我干的这个行业：间谍、杀手、内奸、卧底……我的工作似乎就是这些称呼的集合体。

今天，我被赋予的任务有些不一样。

与以前给我布置任务的长官不同，今天，首长站在我面前："这次，你要接受一个与以前完全不同的任务。这次任务的影响对你将会是终身的，你甚至可能因此而丢掉性命，而且，你的死法可能会非常痛苦。所以这次，也是最后一次，你有权利不接受任务。"

"我接受。"我毫不犹豫地同意了，"我们这个行业，本就不能，也不该拒绝任务，我无法理解您为何会让我拒绝。"

"好。"首长点点头，"你不愧为这个行业最优秀的一员！我先给你介绍一下任务情况。"

"这个人，想必你认识吧。"首长打开一个窗口。

我仔细端详："当然。"

"他是敌国的一名议员，看似勤勤恳恳却无所作为，但经过你同僚的调查，我们发现，他其实是敌国鹰派的主要成员之一。他的国家不太重视他，却不知道他暗地里做了多少鹰派的重要决策。当今我国疲于应付周边小国的挑衅突袭，根本无暇应对他们这个实力与我们相当的大国，如果让鹰派逐渐壮大，战争很快就会打响，到时候我们只会败，不会胜。而且，我们有足够的证据证明，鹰派正计划发动政变，到时候那些读书人出身的鸽派根本无力阻挡。"

"所以，您想让我杀他？"我问。

"不。"首长笑了，"昨天，在一个边境城镇巡视时，他在旅馆里被我们的杀手干掉了。这次暗杀非常顺利，敌国只将其定性为单纯的失踪案件，没有引起太大波澜。"他抬起头，目光炯炯有神，"我是想让你变成他。"

"在他死前，杀手曾想从他脑中强行获取一些情报，但他显然在临死前启动了某种反制措施，将自己脑中的所有记忆全部删除，我们只来得及得到他脑中最深的一个秘密：为了以防意外，他将自己的记忆设置了一个备份，每天更新，这个备份被我们发现并获取了。

"很遗憾，我国目前的科技水平无法解读这里面的信息，但是，它给了我们一个机会：我们可以让一个人植入它里面的记忆，然后，变成他，渗透进敌国。现在，我想你对你的任务明确了吧？"

"明确了。"我回答，内心充满了决绝与坚定。

"好！这次任务特殊，不需要任何任务准备，走之前，你只需要带上这支笔。"首长递给我一支样式朴素的钢笔，这个时代，用笔的人真的是很少很少了。

"这是一枚微型核弹，相当于一百吨TNT的量。想触发它，只要打开笔帽，将笔芯取出即可触发。不到万不得已，千万不要用它。"

"首长，我接受您的一切命令！"

二

三天后。

我在飞往敌国的飞机上活动着我的新身体。这是那个议员的身体，还有他的记忆。虽然，现在我只能 "回想"起一些片段。

飞机降落在了目的地。

"祝你好运。"飞行员告诉我。

我点点头，摸摸裤袋里的那支笔，小心翼翼地走下了飞机，走向那一片"记忆中"熟悉又陌生的土地。

三

"你回来啦！"刚进门，我就被一个人所扑倒。虽然是第一次见到她，但我却涌起一股亲切而又熟悉的感觉，想必，她就是那位议员的未婚妻吧。

按照"我""记忆"里惯常的做法，我用一只手拥抱着她，对她说："亲爱的，这次我'失踪'一定让你担惊受怕了吧，放心，我只是放下了所有的工作，在那个城镇逛了几天。"

她丝毫没有起疑心，欢快地说："我就知道，以你这么不靠谱的性格，肯定是心血来潮出去疯玩了，我跟那些人解释，可他们偏不听，偏要把这件事弄成一件失踪案。"

"好啦，亲爱的，现在我要外出提交几份报告，还要和我的朋友们报个平安，几天后再回来。"

"等你回来了别忘记多陪我几天！"

我应允着，关上门离开了房子，一边心里想：我的一生就从未有过家庭和朋友，尝试一下这样的生活也未尝不可。

四

第二天，似乎平平淡淡。

早上，坐在通往议院的列车上，我的"记忆"就逐渐浮现出来。

一下子，我的脑海里浮现出了"我"的童年，小时候上的学校，自己的父母，还有结交的朋友……感受着这些我从未有过的东西，我的眼眶渐渐湿润了。

中午，我去议院提交了一份报告，讲述了我这次失踪的原因以及悔过之心等等诸如此类的东西。随着记忆的逐渐恢复，我镇定地与那些以前从未谋面的人打招呼、开玩笑、谈天。也许，我已经真正变成了他。

晚上，我与鹰派的核心人物进行了秘密会见，地点是一家餐厅。我记下了与会者的名单和他们策划的政变内容，如果他们向我寻求意见，我只要询问自己那属于议员的一半记忆，就可以得出答案。

深夜，我坐在自己所住宾馆的房间里，用自己的电脑向首长汇报情况。我完整地记下了今天发生的所有事情，一件都没有遗漏。写完后，我刚想发送给首长，却突然愣住了：

首长跟我嘱咐的秘密通信地址是什么？！

我摇摇头，努力回想着。我尝试回想另外的事情，比如，首长是什么样？

我连首长是什么样也忘记了！

我顿时陷入一片惊恐之中。我的记性不可能这么差呀！经过多年的训练，我的记忆已经到了过目不忘的程度。

很快，我领悟到了真相。

大脑的容量是有限的，它不可能容纳超出自身容纳量的记忆。

所以，不断涌现的记忆与我自身的记忆不可能共存，有一方的记忆会被覆盖。而且，这一方明显是我。

也就是说，我的记忆将会在几天内全部丢失！

而记忆被占领的那个人，也就不是我了。

议员将会在这具身体上复活。

这不可能！交织着狂怒与惊恐，我一挥手将电脑拍下了桌面，电脑摔得四分五裂。我无暇顾及它，此时此刻，我已经无暇顾及任何东西。

虽然在心中已经默认，但我仍然不肯承认自己将在明天变成另一个人的事实。从某种意义上来说，明天我就已经死了。

而另一个人的灵魂，将会附身于我。

我躺到床上，睁开眼睛，准备醒着度过我人生中的最后一个晚上。然而，睡意还是战胜了惊慌和恐惧，我在困惑、惊恐、愤怒中渐渐睡去。

五

第二天醒来，恍如隔世。

起初，我以为昨天发生的一切是一场梦，结果，几乎占据了所有脑海的陌生记忆无情地打破了这个念想。记事起第一次，我无助地哭了。

擦干眼泪，我不知所措地站在原地。以前，都是别人给我命令，我负责执行，现在，短暂地享受这生命中最后的自由时光，我却不知道该如何享受了。

经过短暂的犹豫，我掏出了那支笔。

可是，我忘记了起爆方式。

苦笑着，我将笔丢进了垃圾桶。

现在，我的记忆已经几乎完全消失，留下的只有我的意识罢了。

而这意识，就像计算机里的临时储存区，也存在不了多久了。

突然，我又想到了什么极为重要的事情，而这份记忆，来自议员。

我激活了一个读取窗口，拿出议员随身物品中的一个小包，掏出一个U盘，插入读取区。

窗口上显示出了一封信。

致那位即将成为我的间谍：

如果你看到了这封信，说明我成功了。不过我知道，我肯定会成功。我拷贝的那份记忆中不包括这些东西，所以我在这里告诉你，因为你很快又会忘记。

杀手想刺杀我的事情，我早就知道了。为了不让你们知道我们的秘密，我一手策划了这个以我的生命为代价的陷阱。我故意留下我的记忆备份，就是为了让你们中的一个人成为我，最终取代我。我想，从某种意义上来说，我也是活下来了呀。

我挺可怜你们这些间谍的。为了各自的国家，你们牺牲自己，同时杀害别人。但这些都是你们的国家所逼迫你们的。其实，只有统一，才能换取和平，这才是我加入鹰派的原因所在。

你很快就会变成我。对于这点，我倒是不太愧疚。毕竟与其让你继续做杀人放火的勾当，还不如让你过一次正常人的生活。对了，有一件事我没存进这张备份里去，那就是请给我的——不对，现在是你的未婚妻买一枚戒指。向她求婚吧，算是圆了我上辈子未完成的一个梦。

我看完信，我笑了。也许，变成他也没有那么坏。

我坐在床上，等待那一刻的来临。

突然，一阵巨大的剧痛，从脑中发出，我痛苦地捂着脸，同时用尽最后一丝力气记住最后一件事情：给未婚妻买戒指。

然后，便是一片寂静。

结 尾

我从床上醒来。

一觉醒来，感觉有些糊涂，记忆也有些模糊。我刚才好像做了一个梦，关于什么间谍的。

我甩了甩头，努力驱赶这个荒唐的念头。

昨天肯定是喝多了，今天起来记忆又断片了。我抬起脚，发现脚上踩着一个窗口。连忙捡起来看，发现了一封信。

读完，我忍不住"噗"地笑了出来。准是我喝醉了乱写的东西吧！还什么留给另一个我，纯粹是瞎写！

我删除了那封信，刚走出旅馆房间，突然想到一件事：这附近似乎有一家珠宝店，我要去买一枚戒指，向未婚妻求婚。

带着甜蜜的笑容，我走出了房间。

叶开老师评：

　　《移魂有术》的设定太好，非常合理地让一个"顶级杀手"受组织的委托，进入一个帝国鹰派议员的身体——这位议员在一个小镇旅游时，"失踪"了，原来是被间谍组织给猎杀。但是，在议员被猎杀之后，上级发现他的身体里，有些记忆被消除了，以现在的技术无法读取。因此，"我"就被派来执行这个非常特别、也极其危险的任务：进入议员身体，成为议员，打入敌人内部，获取他们的绝密资料。这里，有一个套中套，反间计和偷天陷阱的设定，非常棒的一个反转，原来，议员早就安排好了一切，让自己牺牲，然后吸引敌人间谍来"进入自己"身体，取代自己，重新返回本国。这样，这个议员就复活了。但是，他留着一手；很快，进入自己身体者，将会被同化为自己，而丧失自我。这样，"我"变成"他"再变成"我"，极其复杂，又非常合理。祝贺你的写作让我十分喜欢。我这里有一个疑问：为何议员要牺牲自己？他有什么目的？他想达到什么理想？这里，还没有怎么看得出来。你可以考虑一下给议员找一个"目的"，这样他的"自我牺牲"才合理。

9 机器人星球长

周 阳 六年级

地球星球长萨旦·奥利瓦是机器人？！

这条信息，通过互联网、新闻、报纸等发布到宇宙中的四十五个世界之中，无一不哗然，引起群众的不满。

对此，宇宙世界联合组织已委派中国的一队小分队前往调查，给民众一个说法。

对此，C7级侦探夏洛克·安德罗斯浅浅一笑，仰望天空。

第一章 星球长

"夏洛克？"星球长眉头一皱，"不是已经证明我不是机器人了吗？"

"他是应宇宙世界联合组织派来的。也许要再查证一次吧。"

星球长定睛一看，发现他的下属小王的心灵中透露着深深的不安与关切。

"萨旦，这应该不会受到损失吧？我们地球国力本就衰弱，可应付不起这场闹剧。"

萨旦充满自信地一笑。

而夏洛克·安德罗斯正步步走下他的私人飞船。

"你好，萨旦。"

"你好，C7级侦探，夏洛克·安德罗斯。"

夏洛克很快发现，萨旦不是一个好惹的人，从他面部严肃的表情就可以看出。

星球长身高187.24cm，俯瞰只有160cm出头的侦探，不禁有一种居高临下的优越感，而所有的优越感都被他严肃的表情所掩埋。他那训练有素的心灵透过侦探的身体，直接观察到侦探那老练、历尽沧桑的心灵，不禁有一股同情油然而生——他也是这样，从A级，爬到B级，再摇摇晃晃地闯入高阶的C、D级。现在的D7，也就是星球总指挥，是他花了接近半生的时间，一针一线缝出来的。眼看这个过了不惑之年的男人，心中的感情十分复杂。

而侦探，一个阅人无数的有名的侦探，在凝视星球长的时候不禁有几分好奇。机器人做星球长——假设他是机器人——居然能把国家治理得如此之好。从古到今，他从未见过如此聪明的机器人。

两人就这样互相凝视着，打量着对方，星球长微笑着。

侦探打破了沉默："星球长，我奉命来调查'星球长是机器人'事件，希望您能配合我的工作。"

第二章　疑点

"当然。"萨旦不是很高兴。毕竟这事情突然就发生了，打了萨旦一个措手不及。所以他已经走过几十遍这种流程了，性子再好的人也有耐不住的时候。不过毕竟是阅人无数的高手，萨旦一听侦探的声音彬彬有礼，就再次用严肃的表情遮掩住了他的情绪。

"首先，您已经否认舆论对您的所有指控，包括'机器人'事件？"

"当然。"

"其次，您知道为什么舆论指控您是机器人吗？"

"知道。我曾有一个伤口，在手臂上的。医生说那个疤要伴随我一生了，没想到前几天就好了。"萨旦已经回答了无数个这种荒唐的问题了，"这个是因为我买了最先进的达克斯牌愈合膏，现在已经上市了。它能抹去一切伤疤，但缺点是不能治病，只能稍作掩饰。"

"此外还有一点。"

"哦？说来听听。"

"您的眼睛。"

"我的眼睛又怎么啦？"

"它会发出淡淡的红光。"

"你是悬疑小说看多了吧。"星球长不动声色地说，"我是过度劳累才导致眼睛疲劳过度，不可能是您想象中的那样。"

"可是您的眼睛真的是……"

"侦探，我已经不能忍受这种无聊而无凭无据的指控了。您的异想天开使我惊奇，但这绝不是事实，请您不要再浪费时间了，我有很多事要做。如果您想再继续那无聊的工作的话，我很愿意请您和我共进晚宴。"星球长不动声色地说，并凝视着夏洛克。

夏洛克有一股强大的冲动想要继续逼问星球长，但突如其来的一阵更加强烈的预感要他礼貌一些，晚上再进行他的工作。

第三章　另一个疑点

晚饭在一家典雅的餐馆里进行。

夏洛克吃着他的那一份牛排，听着百听不厌的音乐，心情并不像音乐那般舒畅。他频频看向星球长萨旦，总觉得他在伪装他自己。

萨旦看着碗中的食物，嘴有规律地嚼着食物。说实话，他吃得非常认真，直到最后一块肉进了他的肚子，萨旦才抬起头来，望着等得不耐烦了的侦探，要了一杯咖啡，啜了一口后说："现在把你所有的问题都说出来吧。我会一个一个回答你，先生。"

夏洛克干净利落地和星球长说："您的眼睛又发光了。"

星球长直截了当地关掉了他们小包间的灯："发光了吗？"

　　夏洛克不得不承认，在一片绝对的黑暗中，看不到任何的发光物体。

　　星球长打开灯，直视夏洛克。

　　夏洛克只好做最后的尝试："您为什么吃怎么慢？是不是有意地伪装什么东西？"他刚说完这话，就有一股力量涌上心头，大骂自己是笨蛋，怎么会有这样荒唐的想法？当星球长转过头说"您说什么？"的时候，他马上就否认他有说过什么话。

　　吃完晚饭，星球长在他的屋子中的小宾馆里给夏洛克安排了一个房间。这之前，他们要穿过星球长的大厅。萨旦说是要安排一下，先进了房间，再出来带路。

　　星球长的房间十分宽大，但并不富丽堂皇。房间里贴了壁纸，让人联想到宇宙。"宽广无垠"横批在星球长的门上。

　　每一个家具摆放的位置都恰到好处，一看就是星球长移动过。桌子、椅子像是恭敬的臣民一样立在两旁，连着墙纸看，就像太空船一样，有三维的感觉。就连垃圾桶也……

　　什么？

　　夏洛克看到垃圾桶内，有他们刚吃的菜，根本没有嚼动的痕迹。而且这些菜正好是星球长的那一份！

　　作为机器人，难道他们能消化吗？

　　他疯了似的找来星球长，对他一阵大叫："这是什么？！"

　　星球长从容地说："这是我留给小王——王沼泽的晚餐。他今晚出去加班，叫我不要考虑他。我就把它扔了。"

　　不只是夏洛克一人，也许你也会觉得荒唐！

但夏洛克欲言又止，勉勉强强接受了这个答案！他抱紧了头，慢慢走进他的房间，躺下。

我这是怎么了？夏洛克心里想，这时，一阵睡意袭来，他不由得闭上了眼。

最后看到的，是萨旦关上门的背影。

第四章　又一个疑点

"夏洛克先生！夏洛克先生！您已经睡了两天一夜了！"

夏洛克睁开眼。他揉揉眼睛，看着一脸担忧的萨旦，猛地打了个激灵。

"先生，您不舒服吗？"

夏洛克没有回答。他紧闭双眼，手不住地颤抖……

紧接着，他睁开眼，满是痛苦的表情。

"世界在旋转……"夏洛克吐出这几个字。终于睁开眼，他紧紧地握住萨旦的手。

午餐的时候，萨旦担心地问："先生您没事吧？"

夏洛克却说："我想见见小王，可以吗？"

萨旦考虑了一会儿，点了点头。

夏洛克坐在微微颤抖的王沼泽面前，显得十分巨大。

他在这个简直是萨旦翻版的人面前，皱起眉头。那高官没有萨旦做得好，平静的脸庞中透露出一点点恐惧和害怕，夏洛克甚至解读出了被操控多年的不自由，这些可以作为一个论点来指控萨旦。

他开门见山地问道："请问，萨旦星球长，是机器人吗？"

令他惊奇的是，王沼泽环顾四周，眼睛里透露出深深的不安。在夏洛克告诉他没有任何窃听设备的情况下，王沼泽猛烈地点头。

夏洛克倒吸了一口冷气。

似乎找到一个可以倾吐的人一样，王沼泽告诉他，萨旦是公元2100年左右制造的高科技机器人，而他能做到和人的外形没有什么差别。最容易检验他的办法就是让他伤害人类。他已经试过了，作为机器人，他在明显侮辱萨旦尊严的时候，对方只是说了一句："这样不好吧。"

因为机器人，是不能伤害人类的。

他还跟他说，这个疑点足够指控萨旦。还有一个原因，是因为他对待官员一直是很和蔼可亲，从不发怒。他的表情也只有两个：严肃，也许会微微笑。

在夏洛克走出这间房间之后，他马上叫来媒体，并传唤萨旦。

等到他趾高气扬地准备指着萨旦说这说那的时候，萨旦冷不丁走了过来。小王害怕地躲在了夏洛克的身后。

夏洛克直视萨旦："星球长萨旦先生，或者说机·萨旦先生，我正式指控您是机器人。"

萨旦看看他，又看看媒体，带有明显的惊奇，目光停在王沼泽的身上。

而现在，王沼泽在剧烈地颤抖。

第五章　答案

"请说出您的理由与论点。"萨旦冷静地说。

"第一，您的眼睛确实在那时没有发光，但也许您能调节您的眼睛？"

"如果我是人类，这条就不成立。"

"是的，星球长先生。不过第二，机器人是可以把食物保留在它们的'胃袋'里的。"

这时，星球长迅速瞥了一眼小王。

"如果我是人类，这条也不成立。"

"最后，如果您是人类，您是可以伤害我们的。而您能伤害人类吗？"

沉默。

"这是沼泽告诉我的。如果我现在动用一些粗鲁的、侮辱您的语言，那您完全有权利攻击我。不过因为您是机器人，保卫自己是第三法则，不伤害人类则是第一法则。所以您是不可以伤害我的。"

继续沉默。

"听说您对您的部下十分爱护？从不会对他们发火？是不是因为您不能这样？因为您的部下全是您的主人？"

还是沉默。

这时沼泽跳了出来："你这个装腔作势的人！天天伪装成彬彬有礼、十分老练的人类模样！你就是机器人！机器人！"他把最后三个字像石头般砸向萨旦。

"你天天指挥我们，我早就发现这个秘密了！要是我先说，你可能把我软禁起来！第零法则允许你这样。天知道你在干什么！现在呢？哈哈哈哈哈！"沼泽发出一串大笑，用憎恨的眼光看着这个仍旧板着脸的人。

"来呀！有本事你就给我一拳。你个破机器人！你个欺骗所有人的疯子！疯子！"

萨旦迅速抬起头，举起拳头，以迅雷不及掩耳之势向王沼泽打去。拳头精准地命中沼泽的肚子。沼泽捂着肚子，倒在地上。

"够了！"

萨旦瞄了一眼众人，离开了现场。只留下沼泽在地上痛苦地抽搐。

第六章　真正的答案

"沼泽，你没事吧？"

"没事。为了顾全大局，我的这一点点牺牲无关紧要，亲爱的星球长！"

"最后，还是你救了我。"

"那也是因为媒体和侦探的无能。没看出，我是你唯一能打的'人'！"

"从人，被指控是机器人，把这个真相翻来覆去嚼烂了，却没有吃出来，又吐回了人，这种感觉，要经历一遍，才知道！"

在这小黑屋里，机·王·沼泽和机·萨旦·周小羊相视而笑。

叶开老师评：

　　周阳写了一个超棒的地球机器人星球长sm机·萨旦·周小羊，他有一次面临了整个社会r的指控；他是一个机器人。他是一个机器人怎么啦？他伤害人类了吗？他管理地球很混乱导致什么人类大规模死亡了吗？全都没有。但是，人类不能接受机器人管辖自己，这才是问题的核心。C7级侦探夏洛克大概不知道机·萨旦·周小羊能探测人类的心灵吧？哈哈。当夏洛克怀疑萨旦星球长眼睛冒红光时，星球长证明自己没有冒红光，当在一起共进晚餐时，夏洛克探长机智勇敢地在垃圾桶发现了一份没有吃过的食品，但萨旦星球长说那是留给小王的。而夏洛克更为机智的是传唤了小王，小王终于胆怯地承认了，他所服务的星球长是机器人。这下，让夏洛克探长高兴坏了，准备传唤并拘捕星球长。这时，小王凶恶地指控星球长是机器人，并说，你不能攻击人类！哈哈！没想到，星球长冲过去就给他来了一下子，把他打倒在地。这个反转，太棒啦！最棒的是第二个反转，哈哈，简直精彩绝伦。就是——"在这小黑屋里，机·王·沼泽和机·萨旦·周小羊相视而笑。"

10 乌鸦和樱花树

枫小蓝（谢崇云） 七年级

1 乌鸦

"小晴！"夕阳之下，她金黄色的头发闪着耀眼的光芒，她的笑脸格外灿烂。

"小影！"我回答她，并在黄昏里向她奔去，用力抱住了她。

她比我高半个头，头发也比我长。我看不清她，但能看到她唯美的轮廓。夕阳将她的影子照得很长。依偎在她怀里，我有一种不知如何表达的心情，似悲伤，又似兴奋。

"小晴，你的眼睛还好吗？"她抚摸我的头顶，问我。

"你可以看到纱布。"我说。

她没有回答。她当然看得到，我眼睛上的纱布。

她轻轻摩挲着我眼睛上的纱布："小晴，这样子戴着纱布很痛苦吧？"

"这不是最痛苦的。看不见，才是最痛苦的。还好纱布不厚，我可以看到世界的轮廓。"我偷偷抹掉从眼睛里流出来的一滴泪水。我转身，不想让她看见。

"小晴，我可以让你不再痛苦，只要你按照我的话去做。"她突然说。

我心里猛地一惊。犹豫了片刻，我转过身，面向着她："小影，请帮我。我……我会按照你的话去做。"

我听见她招了两下手。

"啊！啊！——"接着，我听见了乌鸦的叫声。

"小影，是乌鸦吗？"我问道。

没有回答。

"小影？"

回答我的，只有那只乌鸦的声音。接着，我就什么都不知道了。

2　樱花树

醒来后，我什么都看不见。这是当然。但是，我发现自己根本动不了。

"啊！啊！——"还是那只乌鸦的声音。我想叫小影，想知道她在哪里，我也想知道现在还是不是黄昏……为什么，我什么都看不见了呢？是已经夜晚了吧？没有光线的反射了吧？所以，我连影

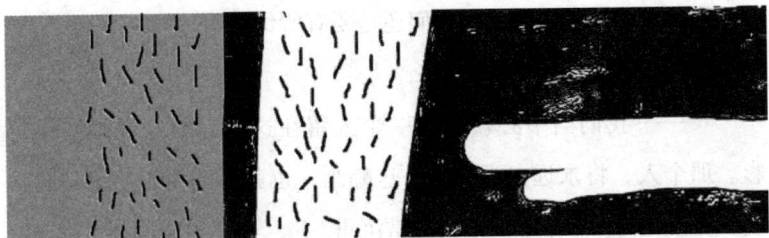

子都看不见了呢。

　　"小晴，别挣扎。现在，你是一棵树。我，是这只乌鸦。你应该可以看见我的轮廓吧……或者，不行？"

　　是小影！是她的声音，不会错！"小影，你在哪儿……我害怕……"

　　小影没有立刻回答我："你不必害怕。我们现在在一幅画里，一副来自远古的画——哦好吧，也没那么久远。反正就是一幅画。这幅画里，你是樱花树，我是日日夜夜为你而飞的乌鸦。你的背后是一座小房子，你我在院子里……听我说完，小晴。不要插嘴……这是一幅神画。当樱花树开始落叶子的时候——好吧，不是叶子，是樱花瓣——只要乌鸦用嘴叼住了那第一片掉落的花瓣，就可以实现我们一个愿望。那个时候……你就可以恢复视力了。"

　　"所以，那个时候，我们就能变回小晴和小影了吗？我还能恢复我的视力？天哪，这真的是一幅神画……"我异常兴奋地大叫道。

　　我听到一声叹息："难道，难道不是这样子的吗，小影？"

　　我倒吸一口气。

　　"当然没有这么简单。小晴，这虽是一幅神画，我们可以通过它将你的视力恢复，但是，我们还是要有所付出啊。"

"是什么？我们要付出什么？"

"——我们当中必须要有一个人留在这里，给这幅画增添色彩。那个人，将永远出不去了。这幅画，也就可能多了一只乌鸦，或一棵樱花树。"小影的语气异常沉重。

果然是这样。我想，她早就知道是这结果。

"如果早知道是这样子，为什么我们还要来？"我轻轻地说，"小影，我们回去吧。我的视力，不要了。"

"可是……"

"小影，没有可是。"

3 出逃

很久，我和"乌鸦"都没有说话。这下，这幅神画就好像真的静止了。

"不是的，不是那样的，小晴。离开这幅画……没有那么简单……"小影的声音颤抖着，"我耗尽了法术将自己变成了乌鸦，然后又把我们带进了这幅神画。可是，现在，法力不够了。"

我沉默："那我们就尝试别的方法吧。"

我依旧什么也看不见，但我可以感受得到，乌鸦停在了我的树枝上："那好吧，小晴，我把我的法杖给你，我剩下的所有法力都在里边了。"

一个东西落在我的树干上。我顿时感到神清气爽。一定是……法杖吧。

可是，有了这个法杖，又怎么回去呢？回到那个梦一样的黄昏？

我不能责备小影。虽然是她使我们陷入如此困境，但她是全心全意为我着想的。总会有办法的吧。

夜晚。我可以感觉得到，已经半夜了，小影飞走了。不过她应该就在不远处吧。那根法杖，依然放在我的树干上面。突然，一阵强烈的风吹了过来。我能感觉得到树枝上的花瓣落下了许多。

等等……花瓣落下了？落下了？

乌鸦呢？乌鸦不应该叼起那第一片花瓣么？然后，我就能恢复视力了？

恢复视力现在不重要……关键，不是要我们两个人都平安地回去吗？为什么……

"啊！啊！——"乌鸦！小影她回来了！可是……

"小晴，我找到了，那第一片花瓣！"是小影的声音！"不！不，小影，我不要视力了，我，我要你和我都平安地回去……"我大叫，突然非常憎恨自己那败坏的眼睛。

小影没有回答。

"我希望……我希望……"小影开始许愿了。但她后来说的话，都被巨响埋没了。我什么都没听到。

"小影？！"如果要留下一个……小影肯定会选她自己，而不是我。但是，我不忍心看她留在这里……而且是为了我的视力。

4 梦中的黄昏

醒来，眼前一片黑暗——我依然什么都看不到。

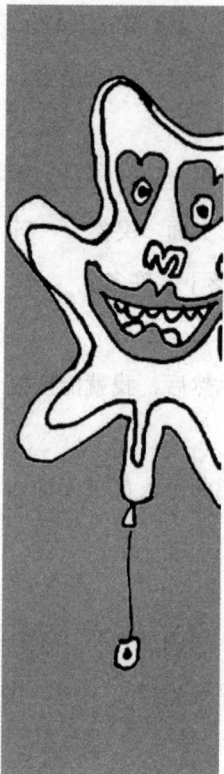

难道，我还是一棵樱花树？我还没变形回到人形？我还在画里？……

"小影？"我呼喊小影。

"我在这儿呢，在你身旁。"我感到一双手搭在我手上。

还是黄昏。还是她的轮廓。天哪。

我又是我了，小晴，她也变回她了，小影。

"我们，我们不是在画里面吗……难道那一切都是梦吗？我们根本没有变形过？"我讶异。

"小影，我们回到那个黄昏了吗？"

"是啊。还是那个黄昏，对不起……我没有恢复你的视力。"她叹了口气，"我的法杖不见了。那是父亲留给我的礼物……我本来只是拿来玩的呢。没想到真的可以造就一个魔法般的世界呢。"

我更加惊讶："我还以为，你要恢复我的视力，留在那画里面呢……太好了，我们都平安归来了！"

"谁告诉你我许的愿是你的视力？我许的愿是我们都能平安归来。"小影笑了，我似乎能看见她那美丽的笑容，"傻瓜，我才不会离开你。不过，对不起哟，没有帮你重见光明。"

我再次在这黄昏下转身，擦去泪水，不让她看见。我在心里暗暗地告诉她："傻瓜，你为什么要为我而费尽周折呢……一开始，

你就不该为我着想啊。视力，哪比得上你？"

叶开老师评：

枫小蓝有点着迷于两个人之间的特殊友情,这不是周阳说的"兄弟情书",而是"姐妹情书"吧? 那个用法杖施法来让两个人进入一面画里,一个变成乌鸦,一个变成樱花树,当花瓣飘落,乌鸦叼住一篇花瓣,小晴就能恢复视力了。这个愿望,是小影许下的。为此,她们两个人,从小影、小晴变成了乌鸦和樱花树。这其中,是一个什么的道理呢? 为何她们变成乌鸦和樱花树,进入画框里,当乌鸦叼了一片落下的樱花瓣,视力就能恢复。这个魔法要不要交代一下? 我觉得交代一下更好。例如,小影在父亲的魔法书里看到,手执法杖,施加魔法,进入画框,就能满足一个心愿。这样,小影的深厚友情,就跟她的选择、她的行动结合到一起了。

愚　昧

徐鸣泽　五年级

第一章　黑暗

夜晚，星河一闪一闪，肃静……

"滴叮！滴叮！"

我睡眼蒙眬地坐起，打开灯，望了望窗外，还是黑夜，再望了望手机，"啥？闹铃提早了7个小时？这！这不可能！明明定的是七点，钟表上一定会显示……啊！"

我失声叫了起来，钟表上面显示现在正是7：00！

"这……外面怎么还是，还，还是，一片黑？"

"嘎吱……"房门开了。

"雅纳！现在七点了！怎么，怎么外面还是一片，一片漆黑？"

"七点？！明明是凌晨一点！你知道吗！你吵死我了！"她愤愤地看着我。

我颇有歉意地道："对不起啦，可是，你看！"我把手机举起来。

"哎哎哎！你自己看看！不是凌晨一点是什么？！"

我转过手机，看了一看，钟表上写着四个大字：凌晨一点……

"这，这……"

"你不要跟我解释了！我受够了！"

她一转身，咚咚咚地跑回了房间。

我瞪着手机，可是，凌晨一点，终究是凌晨一点……

我又扑的一下躺倒在床上，等待着黎明的到来。可是黑夜好像在永无止境的流淌，一直到永远……

第二章　紧急事件

"……您好，我们即将报道的节目是《谜题》。现在我们将视频通讯交给他们！"

"咔嗒，咔嗒……"

"您好！这里是江东电视台播报的《谜题》，尽请收看！"

"最近科学家发现，这里的黑夜好像永无止境！可能是日全食吗？可能是反射作用？大气层异常？笼罩？外星人入侵？宇宙之黑暗漏进大气层？我们将为您解答！请收看《谜题》！编号：101001！谢谢！"

我来了兴趣，输入编号……

"感谢大家收看《谜题》节目。据专家分析，这是日全食。日全食无论在世界上哪个地方，每360年才会遇上一次，但是这一次却大大不相同，上次日食是发生在2009年7月21日，现在是3017年，时间仅仅相差1008……啊！"

在那播报员后面，出现了一个三眼怪兽！我叫了起来！那个怪兽如此丑陋，两个鼻子满口尖牙利齿，不时地滴下绿色黏稠的液体！

"啊！"

那怪兽一见他在叫喊，一口咬住他的脑袋，一扯，血如奔流！接着，一片肃静……

那怪兽又一抬头，好似在看什么东西，突然一撞，我的电视机屏碎了！

"怎么，这，啊啊啊！"

又是一撞，碎裂的电视屏中钻出了一个三眼妖怪……

第三章　逃亡

"啊啊啊！救命啊！雅纳！快走！"但是没有回应……

我管不了雅纳了！撒腿就跑！撞开门，直冲出！我跨上自行车就走！那怪物不一会儿就给甩掉了，但似乎那怪物也不急！

"怎么可能？这个妖怪明明是在直播室……"我始终不明白。

路在我身下掠过，景物一片模糊，但是，还是一片黑……

景物又见稀疏，突然，我胸口一凉倒吸一口冷气，在眼前，出现的不正是我家房屋？在那房屋之前，站着的，赫然，便是那妖魔，我大叫一声，掉头就跑！心咚咚地跳着，不自觉地把速度档调到最高，可是它终于追上了我，我能感觉得到，那黏液滴到我的身上……我闭上了眼睛，等待着去阴间签到。果然，那一咬，终究，到来了……

第四章　屈服

我猛地一惊，醒了过来。这里一片废墟，但是到处，都是三眼妖！

"啊！"我大惊，所有妖魔都回头看着我，集体机械地说："欢迎来到，美好王国。"

"你，你，你们！一群妖怪！"

但他们并不动怒，而是回了一句："您也是！"就齐刷刷走了，"啪，嗒，啪，嗒……"

我心里奇怪，它们为什么脚步一致，说话也一致？还有，它们不是要杀我的吗？怎么……它们为什么说我"您也是"？我是什么？

我低头一看……大惊失色！啊啊啊！我怎么也变成妖怪啦！全身黏液滴滴答答，我拿出镜子一照，三个绿色的大眼睛滴溜溜地转……我昏死了过去……

我又一次醒来，发现在一片"房子"中（还不如说是"废墟"中）旁边坐着一个妖怪！

我叫道："走开！"

啊！又一次惊叹，我的声音已经不再是原本的了！变得咝咝拉拉，同时掺和了羊叫蛇嗞狼嚎，还有电脑坏掉了以后咔嚓咔嚓声音，甚是难听。

它机械地说："住在这个国家，是有规矩的。"

"我不管！我又不住在这臭地方！"

"哦，你会的，只要你出去，就会被追杀，所以还是不出去为好。"

"怎么？你们想关住我？哈哈！没门！"

"有窗。"

我心想：这口气先忍下了，到时候再想办法。

当即只好说："好吧。"

它哈哈大笑，咝咝地道："我就知道你们人类一定会屈服的！哈哈哈！一定会的！哈哈哈！"

"来人！把她送到监狱里去！"

"你，你，干什么？"立马就有几个妖魔（士兵）拽着把我拖走了……

但他只是哈哈大笑地看着我……

第五章　愚昧监狱

"哈哈，大人，地球人已经全被制服！"

"很好很好，我会另有加赏！现在去，给他们洗洗脑！"

"是！"

"好了，退下吧！"

"大人主宰千秋，万福万岁！"

"你们给我听好了！我们的国王是神圣的！伟大的！不可侵犯！"

我说："不可侵犯？哈哈！"

"你们早晨醒来要歌颂国王，吃早饭前要歌颂，出门时要歌颂，吃午饭前要歌颂，回家前要歌颂，吃晚饭前要歌颂，睡觉前要歌颂……不然，哼哼，有你们好看！"

"谁能保证我们不说？"

"所以，国王下令，只要揭发有人没唱的，赏钱百万。凡是被抓到的，直接判处死刑。"

"哈哈，好啊，这就是所谓的美好王国是吧？"我讥讽道。

但没人理我。

我身旁的几个人突然说："那怎么歌颂？"

"跟我唱：

哦！肖一大同志！

胸腔宽如大海！

哦！您那温暖的怀抱！

您是我们的老爸！

哦！肖一大同志！

我无时无刻不在想着您！

我们知道我们生在福中！

您主宰千秋！万福万岁！

听到了吗？！记好了？"

有人抱怨道："这么长，一遍哪能记住？"

"必须记！如不遵守，一律杀头！"

我不屑地望他一眼，冷冷地道："那神圣伟大的国王如果背不出来，岂不是也要杀头？"

那侍卫怒了："你再说一遍！"

我声音微微提高："那神圣伟大的国王如果背不出来，岂不是也要杀头？"

"来人！把她送到监狱里去！"

"是！"

冰凉的手指抓住我的肩膀，走向了监狱……

监狱里一片湿凉，墙上长满了海螺和绿藻，铁栏杆不知多少年来没上过油，爬满了铁锈。

里面早已有了一个囚犯，却也是一个妖魔。他手脚上都拴着铁链，在那愁眉苦脸，不知在想什么。

"咔嗒"一声。那罪犯抬起头，看到了我，又失望地坐在了地下。

"bong！"监狱里又是漆黑一片。

一片肃静。

突然觉得太寂寞了，就哼哼小曲儿解愁。

"你哼小曲儿不怕吵着我吗？"

这人好霸道。一上来我就这么想。

我只好道："哦，对不起了。"

突然，他又说："你叫什么名字？从哪里来？"

我莫名其妙答道："墨妍，从地球来。怎么了？"

"哦，就是问问。"

"你是谁？"

"我？是这个小镇的居民啊。"

"咦？奇怪了，你是这个小镇的居民，怎么会被抓？"

"他们认为我做了一些不敬国王的动作，其实我只是在国王出巡的那一天因为婚礼所以没去，结果……哎！"

"哎，哎？你知道它们怎么把我送到这里来的？"

他突然放低声音道："这事本来不应该跟你说，但是……这里我待不下去了，迟早也要逃离，所以保藏着这个屠龙之秘也无用处。这个地方名叫真空传输袋就是国家大事馆旁的大型透明管子。密码是2893867&*Qwxy，说实话，我是机密组组长。"

"啊！但他们不是说不可能逃出去的吗？"

"他们的话你真信？"

"哦哦哦！好。你也要逃？"

"待不下去了。"

"确实。"

……

一阵沉默。

"明天出发。"

"好啊。逃得越快越好。"

第六章　逃离前夕

"睡前开始唱颂歌啦！"

"啊？还要唱？"

"当然！"

"呃，好吧。额……第一句开头怎么唱的？"

"哦！肖一大同志！

胸腔宽如大海……难道你没背过吗？"

我撒谎道："哦哦！背了背了，只是一时忘了。"

他点了点头，熄了灯，睡了……

但我则在那里捣蛋，哼唱道：

"哦！肖一大坏蛋！

胸腔狭如柴火杆！

哦！你那黏嗒嗒的怀抱！谁会喜欢！

我们永远不认你……"

慢慢地也进入了梦乡……

第七章　逃离

阳光慢慢透进窗栏。

"哎，哎！起来啦！"

我一蹦三尺高，跳起来，道："出发！"

"哎！小声点！会被人听见的！一被听见我们就完了！"

"嗯嗯！"

外面还是黑夜，只是微微泛红。

"警察局在哪？"

"喏，在那！"

突然！警报响了！

"滴！咚！滴！咚！报告有罪犯越狱！滴！咚！滴！咚！报告有罪犯越狱！滴！咚！滴！咚！报告有罪犯越狱……"

四处警报都开始响起！

"糟了！啊，警察追来了。快跑啊！"

我脚下加速，景物飞快倒退……

突然，一队警察飞奔过来，开始发射子弹！

我赶紧捡了一块铁板，给了他，又捡了一块，自己抵挡。我开始快跑，铁板不时地向前后摇摆。希望能敲到几名士兵的脑袋，哈哈！果真行得通，但是铁板也被打穿了！

他叫道："跑啊！"

我则叫："杀啊！"

"不要恋战！塑料管在那儿！"

"知道！分头跑！"

"不要让他们跑掉了！"一名士兵叫道，"不然我们都遭殃了！"

四下里都附和起来："是！"

但就在这时，我们已经到了塑料管旁边了！

"密码？！"

"2893867&*Qwxy！"

"吱……"门开了。

"快！进去！"

身后的喊声越来越响！

"快啊！快！关门！"

我使劲按，但门开到一半忽然停了！

"杀啊！"

"推！"

"杀啊！杀啊！"的声音越来越近！

"赶紧推啊！"

"杀啊！"已经到了门前！

"关！"

"咔！bong！"

士兵永远地被卡在门外了。

"耶！"

我向他微微一笑，心下大慰。

我在输入屏上打下了"地球"。

"呼"的声音渐渐远……

或许，我们醒来，已经到了地球，但或许不呢？

叶开老师评：

　　欧，好多感叹号！好多省略号！我发现徐鸣泽超喜欢用这两个符号，因为你对自己写的内容，发生了很多很多的感慨吧？我超喜欢你"瞎编"的这首外星坏蛋国王的颂歌，而且，"你们早晨醒来要歌颂国王，吃早饭前要歌颂，出门时要歌颂，吃午饭前要歌颂，回家前要歌颂，吃晚饭前要歌颂，睡觉前要歌颂……"这个太厉害了。当"日全食"到来时，是不是地球一片黑暗，永远黑暗？好像不是吧？日全食来了，只是一段时间黑暗。那么，是妖怪们干的，他们遮挡了太阳，或者偷走了阳光，造成地球上的日全食，好入侵地球，并掳走地球人。他们为何要抓地球人呢？地球人对他们有什么用？你考虑过吗？是不是妖怪的"人数"不能增加，他们妖怪死了一个，就需要抓一个地球人来补充？我这个想法怎么样？有创意吧？你要给妖怪、给人的行为找一个理由。那个帮你逃出来的囚犯，他为何要逃出来呢？也要给一个理由。这样，你的作品就更好了。

12 天使的心跳

杨睿敏 六年级

天使，纯洁的天使，善良的天使，她洁白，她圣洁，她无瑕，她无私地将爱播撒人间，源源不断地将那甘甜的心灵之水灌溉到每个人的心田。

从人类诞生的那一刻开始，天使就在天宫中注视着我们。有人伤感时，天使便悄无声息地下到凡间，用轻柔的声音对他说："Don't be sad!"有人生气时，她用温润的嗓音劝告她要放飞自我，敞开心扉。只要有天使在的地方，那里就是天堂！

我也常幻想成为一名天使。

一日，夜晚，台灯下正在阅读的我忽然有了个奇妙地想法：我要变成真正的天使！天色已晚，我打了个懒懒的哈欠，不知不觉便进入梦境，同时也进入了天使的世界。一切都发生在那短暂的时间内，一切又是那么地突如其来。

也许是过了半天，也许是过了几个小时，我被几个人的窃窃私语声惊醒了，尽管那些声音是那么微弱。

"姐姐，她醒了！"穿着一袭蓝色的飘逸长裙，头上还能隐约看见一个银色的光环，背后长着一对羽毛显得稚嫩的翅膀。难道她是天使？但，我怎么来到了这里？我注视着她，她却显得有些胆怯，跑到姐姐背后躲藏了起来。

"别怕，她是人类，人类是善良的。"姐姐摸了摸妹妹的头。很显然，姐姐的羽翼比妹妹丰满许多，头上的光环也不再是若隐若现。她的头发很长，一直垂到腰间，那发色更是美极了，可我又说不出它的颜色来。姐姐吃惊一盯着我，缓缓地问："我活了一百多年，没有见过一个人类。"她停顿了几秒，接着说，"你是怎么来的？"

"也没什么绝计，想着想着，睡了一觉就来了。"我有些惊讶：这是一百岁的人吗？这活生生的就是一位二十来岁的少女啊！

"你想来？你想当天使？"她又一次惊讶了。

"是！"我坚定的声音让旁边围观的人也惊呆了。

"这可不是什么好差事。"

"天啊，竟然有人想当天使！"

"大伙快劝劝这个孩子呀！"

不一会儿，大家便议论纷纷，炸开了锅。

"为什么大家的反应都这么激烈？"我自言自语道。

　　"我们整日与九位堕天使做斗争，然而堕天使的力量实在是太强大了！当人类狂怒时，是媚惑天使——切茜娅的'功劳'，当然，这是她的工作。当人们患上疾病，感到疼痛时，那是抵抗天使——撒旦降临到他们身上。当人们绝望时，那是杀戮天使——昔拉控制了他们……我们九位天使，如帕瓦斯、普恩斯、巴利提斯，就得每日与他们斗争，让人类打消消极想法，让他们不再痛苦。可我们的工作也是危险的，堕天使有比上帝更强大的力量，我们的力量在他们眼里都不算什么……"姐姐略带忧伤地说道，"所以你还要当天使吗？"

　　我犹豫了，原来天使并不是想象中那样，她们也要与堕天使抗衡，也冒着很大的风险。我不说"当"也不说"不当"，只是站在那儿，一言不发地站立着。我很纠结，有可能天使并不适合我，有可能我的加入会给天使们带来麻烦……

　　"如果你能加入，我们不会嫌弃你的。"

　　"我们不会让你独自对抗堕天使的！"

　　"我们也需要人类的力量！"

　　听到大家这么一说，我有些感动，我决定加入她们！尽管我帮不上什么忙，尽管我会给她们带来不少麻烦……可我就是想当天使！我内心正"波涛起伏"，有一位会读心术的天使"听"到了我的想法，说："好！我们一起加油！"

　　此时此刻，我感到我的身体也在发生着一些奇妙的变化：我的背后长了一对很小的翅膀，小到只有认真寻找才能发现；我的头也有些痛，好似有什么东西在往里灌；我的衣服，它变了，变成了一件纯白的长袍，大约有一丈长。

一夜后，我一觉醒来，惊奇地发现：我的翅膀变大了，至少是原先的十倍，比姐姐的翅膀还要大一些；我头上的光环比任何一个人的都要闪耀；那长袍上面多了不少饰品，如红宝石、水晶石等。这是怎么回事？我叫来了姐姐。只见她有些愧疚地说："今天，你将与撒旦决战，让人类世界永远光明！"

"什么？我？我怎么行？别闹了！"我心头一震，我要疯狂了！我完全无法想象，没有拿过刀枪的我，怎么可能去与撒旦决战？"我真的不行！我连武器怎么用都搞不明白，更何况上战场单挑撒旦？"

"你们人类的力量比我们要大很多倍，而且我们的力量对于堕天使来说根本不值一提。只有你了！我知道这样做并不好，没办法了……"姐姐充满歉意地对我说。我本想再说几句为自己辩解的话，但想想她们的良苦用心，也就决定不再多说。

"加油！我们也会做你的助攻，和你一起打败撒旦！"姐姐充满信心地对我说。顿时，我也有了十足的把握，感到信心满满。这时，一天不见的妹妹从姐姐身后羞涩地走来，小心翼翼地将一个手掌大的盒子递给我，之后又郑重地将一把小巧的剑交给了我，最后，她又飞速跑回姐姐背后，探出头来，低声说："希望你加

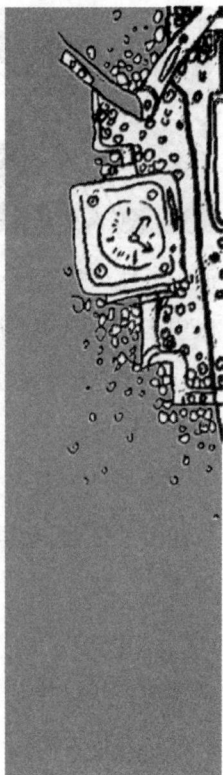

油……什么呀，我……我的这句话是送给大家的……"我笑了笑，怅望蓝天，感到了神灵的召唤！我深情地与九位天使告别，面对她们，我真正感到了亲人般的亲切！尽管我对那没有人知道的未来还存有一丝恐惧。

决战地点就在离这里不远的圣斗场，只有短短的一里路，可我却走了将近一小时。谁知道我还能不能再走一回这条路呢？我心想。

站在圣斗场中央，我更加地紧握了手中的剑。在撒旦还未到来之前，我打开了手掌大的盒子——里面只有一张三寸的照片，照片上是九位天使在一起的大合影，背后标注着——看完务必摧毁！我有些不理解，但还是照做了，将它撕成两半。霎时，照片缓缓升上天空，逐渐重合在了一起！我只见远处，有九个白点，它们合在一起，形成了一束闪耀的橙光。那光又飞速向我飞来，最后将我围住，仿佛像一个盾牌！我明白了，这盾牌就是九位天使凝聚在一起形成的啊！也许她们无法参战，但她们倾尽了所有力量来保护我……想到这里，我有些感动。

没过多久，撒旦便从天而降。我第一次见识到了他的庞大——那乌黑的羽翼至少是我的三倍或四倍！他手中的钢叉有我身子那么长！他的身材很高，好似一层楼那么高！站在他旁边，犹如蚂蚁站在巨人脚下！我感到了恐惧，我已经做好了必死无疑的心理准备！这样一对比，我根本不是他的对手！

"我闻到了人类的味道……"撒旦更加凑近我，看到我手中的剑，又接着说，"要我放你一条生路吗？愚蠢的人类！"

"不，我要和你一战到底！"我坚定地说，"无论我是赢是输……"

"好啊！如果你能躲过我五次攻击，你就算赢。"

"一言为定！"

他的第一招是心理攻击，用他的"魔法"使我害怕，并试图让我投降。可这一招并没有对我起多大用处，也许是护盾的保护，我的内心依旧平静。

第二招，他开始直接进攻。他使用钢叉不顾一切地刺向我，我一直躲避着，最后凭着一股劲爬上了他的脚，他见此状，将大钢叉用力地朝我刺去，可我又跳到地面，反倒是他的钢叉插入了他自己的脚中！

"好！我……我看你能撑多久！看招！"他痛得哇哇大叫，他这一次决定不再用武器，决定徒手来。可别小看那手掌，它可足足有一张桌子那么大！

我决定用我的剑来刺，可不但没刺到他，反倒将剑折断了！正当我一筹莫展时，九位天使从橙光中走出。天使们用尽力气，将撒旦围住，我借此机会，将那把只剩一半的剑刺向他的心脏，一连刺了好几回，撒旦倒下了。天使们激动地将我抬起，欢呼着，将我抬回了天宫。

　　次日，天使们目送我乘坐神灵列车回到了人间，果然，新闻热点再也不是有人犯罪，而是报告如今的繁华。

叶开老师评：

　　杨睿敏写了一个超棒的人想变成天使，然后又实现了成为天使的愿望，并作为"人类天使"受命去与撒旦对战的故事。这个故事里写到了9位堕落天使在世界上，给人类各种各样的痛苦，麻烦，那些好的天使，总要跟这些堕落天使作战，但是，很辛苦，并没有很大的胜算。你这里写的"我"因为有极大的愿望变成天使，因此最终来到了天使们的中间，而且面对着强大的撒旦，她并不胆怯，气馁，而是勇敢面对。她为何一定要变成天使呢？她内心的强烈愿望是什么？你可以考虑一下给一个理由。例如，她看到人类的堕落，所以想变成天使帮助人类；或者，她就是想成为一个天使，可以有更多的能力，不仅帮助人类，还可以面对堕落天使时，与他们决战。这些都是很好的理由。

13 互 换

夏农（何浥尘）　七年级

　　"快点快点，上学要迟到了啊，别在这磨磨蹭蹭的，在学校里好好学习啊，听老师的话，注意记笔记，不懂的要问啊，下课别老想着玩……"老妈拿着锅铲对我喊着。

　　"哎呀，知道了知道了。"我不耐烦地抓起书包，边走出门边瞥了一眼我们家的猫，叹了口气，"哎呀，要是我变成猫就好了，天天都在睡觉，多开心啊，什么都不用干。"

　　学校里……

　　"杯子啊，你说这作业怎么写都写不完啊，每天多得要死，我睡得好晚，黑眼圈都出来了！"我朝同桌不满地抱怨道。

　　"哎呀，你就别抱怨了，赶紧写作业吧，不然今天晚上又睡不了觉了。"杯子小声说道。

"哎，要是我能变成我们家猫就好了，它天天在睡觉，开心死了。"

回到家……

我看着堆在桌子上的作业，无奈地叹了口气："哎，又这么多，今天又睡不了觉了！"

我写了好久好久，然而我们家猫正开心地玩着它的毛线球。到了十一点多，作业终于写完了，我立刻洗完澡爬到床上，要是现在不睡，明天上课又要犯困了。

在梦里，我梦见自己变成了一只猫，每天除了吃就是睡和玩，也没人在我边上啰嗦，真的是"无丝竹之乱耳，无案牍之劳形"啊！

第二天早上醒来，我发现自己竟然躺在地上，再抬头一看钟，已经七点半了。天啊，怎么没人叫我啊。我立刻窜出房间，正好碰到老爸开门去上班，我一溜烟窜了出去，从楼梯上飞快地奔了下去。只听见老爸在后面喊到："咪咪，你干什么去啊？"什么？！老爸竟然喊我咪咪，这眼神也是没谁了。

我跑到楼下才想起来，书包还没拿，又赶紧跑上楼，却没有发现我的书包。

哎呀不管了，还是先去上学吧，我在心里嘟囔了一句，又迅速跑下了楼。不过我总感觉今天有点怪怪的，我好像变得特别矮，离地面特别近，而且走路都没有声音。不过因为赶着上学，我也没有在意，迅速地跑向公交车站。还挺巧的，我刚到车站车就来了，我立刻跑了上去。

"这谁家的猫啊？干什么呢，赶紧下去下去！"几名乘客将我扔了下去。

"喂，你们干吗啊，谁是猫啊！"我大声喊道。但是他们像是都没有听到我说话一样，直接把我扔下去了。

"啊，我要是赶不上这辆车我就上不了学了啊！"我仿佛看到我疯狂地跑进班级，老师黑着脸看着我，同学都大声地笑着。想到这儿，我立刻紧张起来，不行，我必须要赶上这辆车。我看了看周围，发现边上有一棵树，我轻轻一跃就跳到了树上，把树枝都压弯了，再一跳，树枝竟然把我弹到了汽车顶上。周围的人都拿出手机来拍，完了，明天就要上热搜了，标题就是学生党为赶汽车展示"绝妙轻功"。

经历了九九八十一难，我终于来到了学校，趁着保安在打瞌睡，快速跑进了班级。老师正在讲课，看见我进来，立刻停了下来，诧异地看着我。全班的目光都汇聚在我身上。我小声地喊了声报告，赶紧走到了座位上。刚想坐到座位上，抬头一看，突然发现我的座位已经坐了一个人了，而且那个人不是别人，就是我自己。

"哎，这怎么有只猫啊？"同学们议论纷

纷。

"老师，不好意思，这是我家的猫。"座位上的"我"突然站了起来。

"把它先放到外面吧。"老师摆了摆手。

那个"我"把我抱到了教室外面。

我一个人呆呆地蹲在外面，这怎么回事啊，我不会真的变成猫了吧。我立刻跑到小池塘边上，水中印出了一只猫的影子。天啊，我竟然真的变成一只猫了，那刚刚那个"我"是谁啊？算了不管了，现在先好好回家睡一觉，我赶紧跑回家，却突然想起来我现在不是人，没法开门。不过这可难不倒我，我蹲在门口大声叫着，用爪子拍打着门。果然，过了一会儿，老妈就过来打开了门，看见是我，高兴地叫道："咪咪，我还以为你要离家出走了呢！"

"我才不会呢！"我叫道，但老妈好像听不懂。算了，不和她说了，我大摇大摆地走进了我的房间，跃上了床，开始睡觉。刚睡着，就被一声叫声吵醒了。

"咪咪你怎么能睡床上呢，快点下来，别把床上弄得都是毛！"

说真的，我并不想下来，但我现在是一只猫，就只好灰溜溜地跳下床，回到我的猫屋里了。

在美美地睡了一觉以后，我打算起来找点吃的。我发现了一包饼干，却打不开。我衔着饼干跑到老妈面前，示意她帮我打开。她立刻明白了我是饿了，便把猫粮撒到了食盆里，端给我。我闻了一下，感觉不是很好啊，我不想吃，把饼干又往前推了一点。

"猫咪吃饼干不好，就吃猫粮吧！"说完老妈就把饼干拿走了。算了我不吃了，去上个厕所吧。

我跑到卫生间，刚想跳上去，就被老妈拽下来了。

"咪咪，你要去猫砂那里，怎么出去了一趟什么都忘了啊。"

我只好跑到猫砂那里，但是我根本就不会用啊。我学着咪咪的样子，挖了一个坑，好了以后又把坑填上。哎呀，当只猫也不容易啊。

下午那个"我"上好课回来了，她一看到我在门口，愣了一下，然后又快步走到了书房里，我赶紧跟着她进去了。

"你是谁啊？"我问道。

"我是你。"那个"我"回答。

她这么一说，我蒙了，一是因为她能听懂我说话，二是因为她说她是我。那我是谁啊？

她见我愣着，就补充道："我的意思是，我是现在的你，我是咪咪，所以我可以听懂你说话。"

我恍然大悟，原来是我们俩互换了身体。

"我每天都在睡觉，要么就在吃，要么就在玩毛线球，无聊死了，所以我特别想变成你，去感受一下学校是什么样的。"

"我也是羡慕你这样的生活。"我说道。

"不过，我现在觉得学校一点也不好玩，老师讲了一堆我听都听不懂的东西，还有那么多要写的东西，我不得累死啊。"

"我也不喜欢你的生活了。我都不能吃别的，只能吃猫粮，还不能睡床，还只能玩你的毛线球。"

我们俩互相吐槽着今天的生活。

"你们想换回来吗？"一个声音突然响了起来。

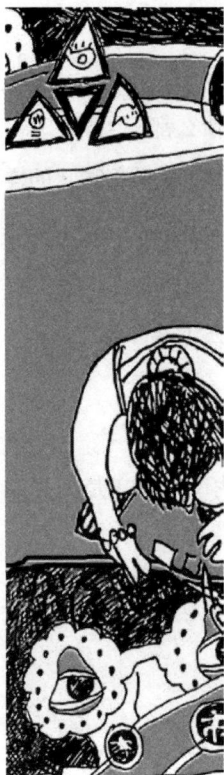

我们俩立刻环顾四周，却没有看到任何人。

"不用找了，我隐身了！"那个声音又响了起来，"我可是为了满足你们的愿望才让你们互换了身体，现在不想了可来不及了！"

我和咪咪对视了一眼，一起说道："我们发现自己原来的生活才是最好的，所以请您把我们变回来。"

"我连字都不怎么会写，今天被嘲笑了好久。"咪咪又补充了一句。

"我可以帮你们变回来，但是你们要帮我把你们的故事讲给你们班同学听，并且要让他们相信，让他们明白现在的生活才是最适合自己的。完成后我会帮你们换回来，还会让你们永远可以听懂对方说话，也会把你们讲的经历从他们的记忆里抹去，只让他们记住最后的道理，可以吗？"

"你既然可以抹去记忆，就把这个道理移进去不就好了吗？为什么要我们去啊？"我问道。

"既然你们不愿意去，那我就……"

"我们去，我们去。"咪咪赶紧打断他。

"如此甚好，那就看你们明天的表现了！"说完那个声音就消失了。

"我们一定可以把身体换回来的！"咪咪朝我说道。

"吃饭了！"老妈叫道，我习惯性地要往外跑，被咪咪拉住了，"你现在是我，所以你只能吃猫粮，而且我们俩虽然互换了身体，但现在我的身体是你掌管，你的身体是我掌管，所以你要把猫粮吃掉，我也把饭吃掉。"

我虽然很不想吃猫粮，但是为了咪咪，我只好皱着眉头把猫粮吃掉了。

第二天……

"同学们，我们要和你们分享一个故事，也是我们俩的经历。"咪咪抱着我把事情讲了一遍。

同学们只是哈哈大笑，并不相信。我跳下来，走到杯子的面前，把她的一支笔拆了，把墨水倒在爪子上，在纸上写下了她的名字、学号、爱好，这下同学们都相信了。

"所以，只有现在的生活才是最适合我们自己的，要好好走好自己的路，不要总羡慕别人。"咪咪严肃地说完了这个道理，我使劲地点头。

在勉强又过了一天互换生活后，我们俩已经一个累得不成样，一个无聊地数自己的猫。一放学，我们俩就飞快地奔回了家。

"完成得不错！"那个声音又响起来了。接着一束光从一个地方射了出来，在一阵眩晕后，我又回到了我自己的身体里，面前的咪咪也回到了自己的身体里。

"太好了，我终于不用无聊了！"

"太好了，我终于不用写字了！"

"我又可以吃饼干、和同学玩了！"

"我又可以吃猫粮、玩毛线球了！"

我们俩都很兴奋，那个人也遵守了他的承诺，让我们互相听懂对方的语言，也抹去了同学们关于这个的记忆，没有人再向我提过这件事。

但是，自从那天以后，我们班的同学都变得更加刻苦了，我也多了一个朋友，咪咪。

叶开老师评：

夏农在作品里设置了咪咪和我的"互换身体"，让"我"和"咪咪"进行灵魂互换，来彼此体会对方的生活和世界。得出来的结论是：现在就是最好的，现在你的生活最合适你自己。这个，使得猫和"我"都在"互换"灵魂之后，不适应新的生活，而渴望回到过去，回到原来的身体。这是什么力量造成的呢？为何一个小孩子不能喜欢上猫咪的生活呢？为什么一只猫咪不可以是热爱学习的小学生呢？这个，你还可以进一步去思考。我暂且把你在文章里的这种想法，归纳为一种"保守"的思想，即不能"换"，原来的就是最好的。换一个角度，也许，可以思考换完之后"果然很好"。不同的角度，不同的态度，对文学来说，表现是不一样的。另外，"那个声音"到底是什么？是上帝，还是天使，还是撒旦？他为何能满足猫和我的愿望？

14 让灰暗变得灿烂

雾霭青青（李霭青）　六年级

　　时间是一个盛夏的夜晚，地点是公园的露天舞台，评委是三位头发花白的老爷爷，观众是住在附近前来乘凉的人和参赛者的家长们。

　　这是一场舞蹈比赛。

　　马上就要轮到我上台了。

　　这是一场自由舞比赛，评委让参赛者自由演绎，跳一段包含自己的创意，并且能让别人看出主题的自由舞蹈。

　　我早有准备。

　　排在我前面的两个女孩是一起的，她们听了要求后跑到一旁商量主题。不久后，两个女孩上台了。我听到后台观众喊："啊，好可爱的小兔子！"

"呀！老虎来了！"

由此可知，她们演了动物这个主题。

主持人喊了我的名字。我慢吞吞地走上舞台，心里只有七个字：把自己当成人偶。

我一动不动地站在舞台上，心里只有一句话：把自己当成人偶。

"阿青加油！"表姐喊了我的名字。

我循声望去，看到胡乱挥着荧光棒、手舞足蹈、一脸兴奋的表姐。

这时，我听到了一声笑声。我望去，原来是一个小女孩，她手上抱着一个人偶。

然后，台下观众看到台上那个一动不动的我，忽然抬起一只手臂，接着迈出一步，然后，我以前脚脚尖为圆心，后脚摩擦地面转了一个圈，整个过程没有一丝柔软，给人硬邦邦的感觉，而且脸上没有一丝表情。

观众们议论纷纷，他们在讨论这是什么舞。

人偶，从头到尾都是没法动弹的。它们的一举一动都是得有人

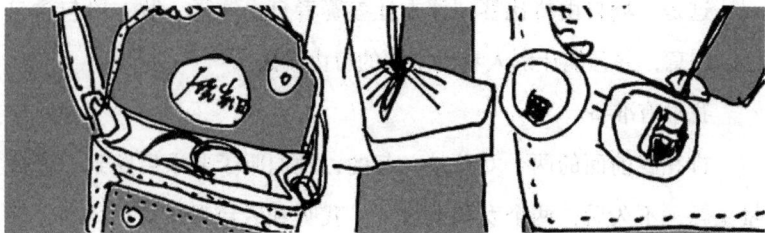

去操控的。而且，身体是僵硬的，脸上没有一点表情。所以说，跳人偶舞的舞者脸上不能有任何表情。身体不能有柔软感。过于投入的我现在就像是一个被人操控的人偶。

有个观众终于看出来了，他说："哦！上帝正在操控着这个人偶！"

听这观众一说，全场观众都明白了，大家开始热烈鼓掌。

这次表演成功了！太好了！我看见表姐在疯狂地挥舞荧光棒了。

表演结束了，我们在饭店里吃了一顿大餐，庆祝我的表演成功。在饭店里，我看到一个女孩站在门口，手上抱着个人偶，嘴上好像在说："好漂亮的人偶啊！"

我好奇地看了她一眼，没有多想。

晚上回到家，已经很晚了，我马上洗好澡睡了。

在睡梦中，我听到一个声音，那个声音说："我听见你的心在说你想把自己变成人偶……"我被惊醒了。

我心想，吓死宝宝了。

我想翻个身，咦，怎么感觉身体好僵硬？我使出九牛二虎之力，想要把身体翻过去，可是我的身体一动不动。怎么回事？我想动也不能动！

突然间，那个女孩又出现在我视线里。

女孩高兴地大喊："我订的人偶到了！好漂亮的人偶啊！"

拜托，她在说什么？什么人偶啊！她把我从箱子里抱出来，我这才发现，这不是床。我现在被抱在女孩的手里，我想挣脱开，但是因为无法动弹，所以我不得不乖乖地被她抱起。

这个女孩像是有魔法一样能看穿我的内心在想什么。女孩打了一个响指，我能动能说话了！

女孩对我说："你觉得很难受吗？你不是想要变成人偶吗？我叫罗水灵，我们做朋友吧！"

"啊！不是……"我解释道。

罗水灵立马打断："我不是实现了你的愿望了吗？那好，作为报答，你就一直留下来陪我吧！我很寂寞的……"罗水灵的神色突然变得悲哀了。

"你怎么了？"我问道。

"你不愿意留下来陪我吗？"罗水灵问，"我从小就有一些奇怪的能力，因此，我被父母抛弃。后来，一个渔夫收留了我，但是，因为我是一个怪人，所以一直被其他人欺负，被他们骂成妖怪。很多人都害怕我，说我是女巫，怕我诅咒他们……一次，渔夫出去打鱼，因为那天天气不好，他就再也没有回来过……"说完，罗水灵的眼泪就一滴一滴落下来。

我对她说："对不起，我真的没有办法陪你，但是你真的很厉害呢！"

罗水灵抬起头看着我，我又说："你要微笑着面对每一天，这样走在你的成长道路上，也许下一步就能带来美好。"

罗水灵说："可是我的心已经被孤独、寂寞、悲哀、绝望这些冰给冻住了。"

我摇摇头，说："再冰冷，再坚固的冰只要遇到温暖，都会融

化，向这个世界打开心扉，让太阳带给你温
暖，月亮带给你优雅，星星带给你美丽。"

　　罗水灵扭过头说："可是我已经失去了太
阳，没有温暖。"

　　"但是你还有圆圆的月亮和满天的星星，
他们会把优雅和美丽带给你！你一定能感受得
到，因为，你也有心灵啊！"我微笑着看着
她。

　　罗水灵望着我，眼泪已经停止里流动。她
说："谢……谢。"说完她抱住我。

　　我也抱住她说："只要心里充满阳光，再
多的灰暗，也会变得灿烂。人生的失意是难免
的，但重要的是在失意中活出诗意来！"

　　"我除了那些奇怪的能力，其他什么都不
会。"罗水灵又一次低下头。

　　我温柔地摸着她的脑袋，再一次告诉她：
"平凡的人也有他独特的魅力，就像一棵平凡的草，总有一日，会
绽放出属于她的美丽。虽然我不能永远陪着你，但是我的祝福会永
远陪着你。"我露出一个灿烂的微笑。

　　此时我感觉到罗水灵也露出了一个微笑。她抹去泪痕，向我点
点头。

　　现在我又变回了人。但是我永远也不会忘记，我做人偶的那段
经历。

叶开老师评：

　　雾霭青青设定了一个活人被变成人偶的特殊场景，让一个内心失去了爱的、拥有魔法能力的小孩罗水灵把"我"变成了一个人偶，这个其实是很可怕的事情。一个活人，变成了人偶，是多么可怕的感受。你有没有想过这个事情？是不是应该写一下变成人偶之后的那种特殊的感觉呢？如果人偶保留人的能力、人的思考，那么，她发现自己想做任何事情，可是腿不能动，手不能动，那是多么怪异和痛苦的事情。但你保留了美好的愿望和推动力，用善良来说服了罗水灵，"再冰冷，再坚固的冰只要遇到温暖，都会融化，向这个世界打开心扉，让太阳带给你温暖，月亮带给你优雅，星星带给你美丽。"这个，是很棒的设定。

15 时空变形记

乔逸飞　六年级

"哇，时空旅行！时秋我们也去恐龙时代玩吧！"小猫捧着一本漫画书对身边正在吃泡芙的男孩叫道。

"拿你没办法，走吧！"男孩回答。

"3，2，1！"一只褐色的胖嘟嘟的虎斑小猫激动地倒数着，一上一下地蹦着，身后长长的尾巴来回摆动，仿佛一件惊天大事即将发生。

一位青衫少年，面色苍白，戴着厚厚的眼镜，小心翼翼地紧随其后，看着倒计时一点一点逼近0，有气无力地说了声："哦，我出发了。"

他一边十分狼狈地躲闪着来自前方密如急雨般的打击，一边疾步上前，慌乱中他的眼镜掉了也顾不上捡起。他有着一头乱乎乎的自然卷，那副黑色的眼镜硕大无比，与他小小的脸庞很不成比例，颇有种神奇莫测的违和感。这时，他嘴角边浮现一丝顽皮的微笑，这与他一身哈利·波特般的气质很不相符，却突出了他的一种奇特怪异的画风。

"走你！"一声暴喝从小猫处传来，只见它手指遥指床边的台灯，"砰！"灯泡一下子爆了，整个卧室被白光吞没，一个小小的气旋慢慢出现在台灯处，且越转越快，一人一猫逐渐消失在漩涡深处。白昼般的光晕逐渐褪去，炸裂四散的玻璃碎片自动一片片拼接还原，屋内一丝痕迹没有留下，只是少了一人一猫。

"啦啦啦！啊！"时光隧道里少年的惨叫声不绝于耳。

"哆啦B梦，救我！"

　　备注：哆啦B梦，哆啦A梦的弟弟，22世纪高智能、多功能超级机器人，俗称育儿机器人。它想来21世纪能像哆啦A梦一样帮助朋友干一番事业，却降落错地点，遇到了无敌蠢人——墨时秋，算了，只好死马当活马医……

"到了，恐龙时代！"只听见外面传来"哗哗哗"的声音，且响亮无比。

"哦，下大雨了！"

"不……不是下雨！看你的上面！"

一只眼冒绿光的暴龙早已"龙视眈眈"，口水不住地流着。

"哇，大恐龙！救命！"墨时秋求生本能激发到极致，跑得飞快。暴龙不急不躁，大步流星，紧随其后。几秒间，两者的距离缩短到不足半米，大大的龙嘴恨不得立即咬上墨时秋的小身板。一股浓浓的腐臭气息直逼得墨时秋玩命般地再次提速，但他那双小短腿跑五步又怎能抵得上暴龙的一步，一滴黏稠的唾液从墨时秋的脖颈滑落下。暴龙已经追上，低头看着脚下还在急奔的小生物，毫不犹豫，张开大嘴，一口就要吞下，完美的捕食即将结束。

突然，一粒红色的糖丸，急急地飞进墨时秋的嘴中，直抵喉咙深处，咕咚一下，迅速滑入。

"这是伤齿龙丹，可以激发人体机能，模仿伤齿龙48小时。功效立即开始，你现在可以跑得比暴龙快！"哆啦B梦的声音从旁边传来。

果然，一种身体要暴涨的感觉从全身骨骼传来，墨时秋的身形不断变大，肌肉迅速膨胀。局势立即转变，墨时秋跑得越来越快，且非常敏捷。暴龙全力以赴，但它如压路机一般重重地奔跑，怎么能赶超过伤齿龙的速度。愤怒的暴龙伸长脖子想能尽早一口吞掉墨时秋，但都被他轻松躲过。屡战屡败的暴龙，怒吼连连。墨时秋见了，扬扬得意，忍不住回头讥笑道："暴龙，你追不上我！"本以为是自己原来清脆的童音，可发出的却是来自喉咙深处的低吼。

"钻入那个右侧的石缝！"哆啦B梦指着前方的一道窄窄的山缝喊道。

"OK！"墨时秋回应道，"啦啦噜噜"，他一个转身，对着霸王龙做起了鬼脸。

"我倒着跑，你也追不上我。"墨时秋一脸轻松地说，结果发出的仍然是龙吟而已。

不知不觉间，身边的景物变化着，他们冲出了丛林，来到了一片山地。哆啦B梦已经抢先一步钻进了石缝。暴龙眼看着到嘴的美味只剩下一个，不禁发出更焦虑的吼声。墨时秋回头向暴龙笑了笑，低头就猛地冲向了石缝。

"咚"的一声巨响，头顶处传来一阵钻心剧痛，金星闪烁，墨时秋还没有适应伤齿龙的高大身躯，低估了石缝对自己目前身高的限定，狠狠地撞在石缝顶！我的神啊！千万别晕。但是他壮硕的躯体已经摇摇晃晃，缓缓地向身后倒去。暴龙大喜过望，一个纵身飞速前进，大口咧得巨大无比，一串口水迅速滴落。说时迟，那时快，哆啦B梦回身，拽着墨时秋的尾巴，迅速向石缝逃离。暴龙身体太巨大，只有上半身能勉强挤进来，只见它一张嘴死命地向里猛伸，来回撞着石壁，希望能撞出更大的空间好挤进去。没几下，暴龙的头就撞得晕乎乎的，碎石虽然掉落很多，但是石缝的空间却没有变化明显。

"哈哈，就说你……追……不上我……"虽然自己眼前的金星还没有完全消退，墨时秋仍然不顾自己头疼的痛苦，换上轻蔑的神情，并高高竖起了中指。

三天后。

"嗯，好饿。"墨时秋从昏迷中醒来，肚子里已是空空如也，咕噜噜响个不停。

"给，吃肉。可好吃了。"哆啦B梦递来一大块血淋淋的肉骨头。

"天哪，就吃这个？"墨时秋觉得难以下咽如此血肉。虽然已经变回了人类，但来自肉的香气钻入鼻孔，曾经的恐龙嗅觉却告诉他这很香，墨时秋不由自主大快朵颐起来。从内心深处来讲，他是拒绝吃生肉的，所以他的眼神毫不掩饰对自己这种做法不认同的痛苦，仿佛正在吃世上最难吃的东西。但是，他的嘴巴却像是上了发条一般停不下来，感觉肉香四溢，"满嘴流血"。

吃饱了，墨时秋才第一次打量起这个石洞。山洞比较黑，越向里感觉空间越大。山洞顶上挂着钟乳石，在往下滴水，仿佛想要水滴石穿。不到半个小时，他们来到山洞最里面，发现这里别有洞天。

"我们来做个挑战如何？"墨时秋回身对哆啦B梦说道。

"怎么啦？"

"现在是白垩纪晚期，根据时间推算，第五次生物大灭绝即将开始。"

"What？"

"我们这样……"

他们立即行动起来，哆啦B梦动用了心灵

感应枪，通知相邻近的恐龙们赶紧向山洞聚集。墨时秋则负责计算放置护盾隔绝器的面积。哆啦B梦还找来了一组全能机器人，有的在打扫山洞并使空间更大，并分割成几块区域；有的在用超级种子和速生土培育植被；还有的忙着安装人工太阳，以及繁殖一些不同动物。

这天，特别宁静，天空中火红一片，一颗巨大的小行星夹带着恐怖的压迫感而来："大家进洞！"哆啦B梦叫道，最后一只恐龙进洞，陨铁打造的大门随之落下。

"咣！"震耳欲聋的巨响，巨大的热浪席卷而来，"防护盾被吞没了！"时秋一脸担忧地盯着显示屏。

"轰！"撞击处的地面卷起了强沙尘暴，铺天盖地。

"护盾撑不住了！"

"开启ksjh-3阵！"

"啥？"

"我们要穿越至另一个空间了！"

"三思！三思！我们是不是回不去了？"

"在那里活着也比在这被烧成渣好！"

"3！2！1！出发！"

"呼！"整座山被凭空移走了！

——某个异度空间。

"时秋，只要心够大就能遨游四方。"哆啦B梦的声音在回响，在这与世无争的世外桃源里，墨时秋和哆啦B梦保护着一群恐龙，过起了快乐中夹带着一丝淡淡的忧伤的生活。

叶开老师评:

　　哇! 乔逸飞脑洞果然大, 竟然发明了"哆啦B梦"这个"哆啦A梦"的弟弟(不过, 机器人有弟弟吗? 改成新型号也许更好), 然后和大熊的降级版墨时秋一起, 通过一个"灯泡", 穿越回到了恐龙时代, 那个弱肉强食的白垩纪。一只可怕的霸王龙, 开始了对墨时秋的疯狂追逐, 然后在哆啦B梦那颗"伤齿龙丹"的帮助下, 他开始了自己的暴走模式, 而且, 边暴走边嘲笑可怜的霸王龙。然后, 到了那个关键的"毁灭"时刻——他们带领了一群幸运的恐龙先是进入了一个山洞, 准备躲避那颗命中注定毁灭地球上大部分大型生物的小行星, 并在防护盾也经受不住时, 一起穿越到了一个"与世无争的世外桃源"里。哈哈, 恐龙吃不吃桃子? 开个玩笑啊, 恐龙不一定喜欢世外桃源, 说不定喜欢世外草原, 最好能有肉吃。刘慈欣如果看到你这篇大作, 会很兴奋你终于给他的"吞食帝国"的恐龙们找到了存在的理由呢。然后, 恐龙们就在机器猫的帮助下, 创造出了自己的文明……哈哈, 多好。

16 变 形

杨依桥　六年级

在我的第一篇写给你们地球人的小说里，我就和你们说过了：我们星系里的人都能变形。而我，作为一个和平者，却有一个禁忌，不可以攻击。

但是，我刚接到了我们星系的消息，说是我们的星系已经毁灭了，尘土都四下飞溅，散落于各个星系之间，尘土间的距离已经超出了形成量子体的最小距离，就算形成了量子体，它的引力也不足以吸引到足够的尘土成为我们这样的一个人。而星系毁灭的根本原因，就是我们副领导击杀了我们的领导，吞噬了我们领导的量子体，而成为一个神人，掌控着博学、无畏、忘我、平等，还有着七色量子体的万物掌控的能力。现在，他正向着我所在的地球直冲而来，准备吞噬我这个和平者的量子体！

"小心！你是唯——个和平者了！"游戏规划人的声音突然响彻了起来，吓得我起了一身鸡皮疙瘩。

我按住了太阳穴，理了理我杂乱如麻的头绪。"副领导吞噬了主领导的量子体，还吸收了博学、无畏、忘我、平等的能力，而我必须保护好我自己的不朽能力，不然那时副领导获得了不朽的能力，一方世界都会被他所毁灭……"我的责任还真重大啊！

我那时还没有意识到事态的严重性。

等等！我不是和平者吗？我怎么可能打败那个无敌的副领导？！

突然，我眼前一亮。量子体！还是一个七色量子体！它静静悬浮在我的床头柜上，正吸取这周围的物体，试图把自己凝聚成一个人。"刺啦！"我的台灯、椅子、床垫、枕头和我的暑假作业全部都被粉碎了，只剩下了我一个人呆呆地看着那个量子体凝聚成的球。

"哎哟，我的暑假作业啊……"我一阵心疼。但看见了那个量子体，我却激动起来。它并没有开始变形，却直接向我冲了过来，撞进了我的量子体。

这是游戏规划人的量子体！大量的记忆涌进了我的脑海，其中包括了各种我根本无法理解却又烂熟于心的天地法则：死亡、生命、绝望、希望、轮回、永恒、刹那……各式各样的记忆充斥于我的脑海间，突如其来的巨大信息量压迫着我的大脑，激得我哇地吐出一口尘土。当然，它们马上飞回进了我的身体里。我可有着不朽的能力呢!

我之前说过,我们星系的每一个人的智商、寿命都是由量子体中的能量所决定的,在我吸收了游戏规划人的量子体之后,我的寿命和智商都暴增起来。

"副领导,你来啊?我现在根本不会怕你。我已经不仅仅是个和平者了,哼哼!"

"是吗?"忽然,我脑海里响起了一个炸雷般的声音。那是副领导!

一瞬间,我的意识直接被拉出了地球,带着我的两个量子体。

"把你的量子体给我,我吸收了他,之后会让你以为你活下来了,在之后我就会消灭你。"副领导这么对我说。

"啥?"我以为我听错了。

"你知道,我有着平等的诚实特性……"突然,他面露凶光,"所以你最好快点给我你的量子体。"

"反正我都是死,为什么给你我的量子体?"

他毫不犹豫:"这样我就可以统治世界啊。"果然是吞噬过无数人的量子体,诚实的特性在他身上一览无遗。

"不给!"

"那我就要变形,然后用分身从后面偷袭你!"

"呵呵!"我满脸黑线,真诚实啊。

"讨厌,我博学的品质好不容易制订了一个完美的作战计划,但诚实的品质怎么把我的计划全抖了出来……"他满脸错愕。

"没事,用武力灭了他,不需要计划!"副领导又开始自言自语。果然，一场变形的大战就开始了。

"血滴子镰刀！"他变形都没开始，嘴里却先说了出来。

"该死！"他吐了一口唾沫。一把鲜血淋漓的镰刀从他的手中幻化而出。

有了他的提醒，我直接变形成了一个带有无数倒刺的铁盾，试图锁住他的兵器。

"无所畏惧！"他激发了勇敢派的潜能，瞬间，他的身上爆发出了尸山血海一般的血腥气味，像是一尊修罗杀神，拿着放大了几十倍的镰刀向我劈头盖脸地砍过来。

只能硬碰硬上了。我一咬牙，顶了上去。

撕心裂肺的疼痛传了过来，但不朽的能量瞬间帮我修复了伤势。

游戏规划人的量子体钻进了我的身体，把我变形成了一把巨剑，直接冲向了副领导。

"忘我。天地之间，再无我在！"副领导突然虔诚地吟诵起来。

我，不，应该说是我变成的剑，径直穿过了副领导的身体。

"赢了！"我欢呼一声。

"不不不，你没赢，我只是用了无私派的特性而已，使我暂时无敌了。"副领导哈哈大笑，却又戛然而止，"又坏我好事！"他猛敲自己脑袋。

"这怎么可能……"我心瞬间冷了下来，"这怎么赢……"

我看看副领导，他身上完美无缺，有着能让他立于不败之地的忘我特性，还有着极强的勇敢派潜能，再加上博学特性给他的完美作战计划，我能赢的概率大概和我出门被苍蝇撞死的概率一样。

"我是和平者。"我喃喃自语着。

"我给你我的量子体！"我突然发话。只能放手一搏了。

"哗！"我的量子体径直朝他飞了过去。

"太好了！"他说。

"既然我总是输，为什么不能拉他一把？"我一笑，化为尘土。

副领导突然醒悟过来，和平啊……

他看看我们狼藉的星系，自己说："和平，是最重要的啊，原来如此。"

"我到底干了什么？"他说，想要变形出一把刀自尽，却发现变不出来了。

他变形成了一个和平者。

叶开老师评：

　　杨依桥真的很机智，很聪明，竟然想到把第一课和第九课的作业，有机地联系在一起，然后让"量子体"的这个星球的生命，产生了一个新的坏蛋"副领导"，我觉得"副领导"这个命名，还可以考虑一下，听起来逼格不够高。要么改成星球副秘书长？或者"副统帅"？哈哈。那个"和平使者"的"不朽"能力，在你的第一篇小说里谈到了，如果你不附加在上面，我倒是不怎么能理解。不过，"不朽"这种能力，被"副领导"吸收之后，就变成了一个中和的作用，杀气腾腾要统治宇宙的"副领导"就这样被"和平"中和了。到底是他吸收了"和平使者"呢，还是"和平使者"吸收了他？另外，"游戏规划者"这个角色，到底是一个什么"人物"呢？

17 植　变

星霜（田静怡）　四年级

　　我们家的阳台上有个小花池，里面种着一些植物，其中有两株番薯叶，它们来我们家快一年了，长得非常旺盛，长长的藤已经落到楼下邻居的阳台上了。

　　妈妈有时候会摘了番薯叶炒菜给我吃，我强烈反对妈妈摘它们的叶子，因为它们的叶子快被妈妈摘光了，我很心疼它们。

　　一天，我突发奇想，幻想自己变成了番薯叶，然后和很多小昆虫交朋友。想着想着太困了，我就睡着了。

　　在梦里，我变成了那株番薯叶，我挥挥左手，不对，应该说是左枝，因为变成一株番薯叶了嘛。我和我旁边的那株小蓝莓树打招呼，谁知蓝莓树不但不回应我，反而骂我，它说："你向邻居问好有病啊？如果你每天都这样问好的话，岂不是烦死了，我听你打招呼觉得好烦啊。"我心想，你才有病啊，人家好心好意和你打招呼，你还骂我，我这不是热脸贴你的冷屁股啊。

　　于是，我不理会它了。我转而向旁边的兰花问好，兰花很有礼貌地回应了我，于是我对兰花很有好感。这时，正是兰花盛开的时候，兰花的香味引来了一只色彩缤纷的蝴蝶，那只蝴蝶停在兰花头上，兰花本来就美，现在又有一只蝴蝶停在它头上，兰花越发显得更美了。我惊叹道："哇！你好漂亮啊！"兰花莞尔一笑，说："别的花种里还有姐妹比我更漂亮呢。"我听了，更喜欢兰花了。

　　这时，我才注意到在我脚下跑来跑去的小虫子们，有时候，还有几条蚯蚓在我脚边松土，因我的根系太茂盛了。我对其中一只过路的蚂蚁问："你们这么着急，是要去哪里啊？"

　　"今天是蚁后的婚礼，我们要去庆祝。"蚂蚁回答。

　　"那肯定是在宫殿里了。"

　　"那当然了，我们蚂蚁的宫殿可大可漂亮啦！"

　　"真的？那你可以给我描述一下宫殿的样子吗？"

　　"可惜我今天没时间给你描述，我急着去

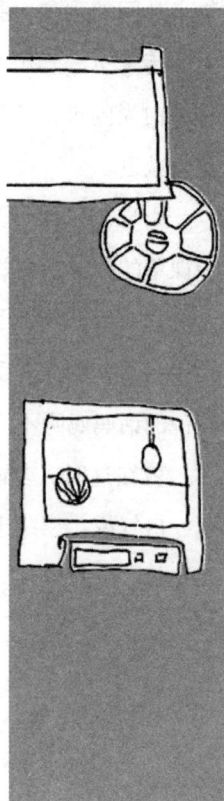

参加宴会呢。"

"哦，好吧，拜拜！明天你再过来给我描述吧！"

"好的，我叫蚁小二，这样你就可以在很多蚂蚁里找到我了。"

告别了蚁小二，我才发觉已经下了蒙蒙细雨，正好为我的嘴巴解解渴，因为我刚才说太多话了，喉咙有点干。

雨下着下着，天空突然出现一道彩虹，兰花告诉我那是有大人物来凡间的现象。我猜想是哪位大人物啊，是不是神龙啊？接着，天上传来了一阵雨水敲击地面的声音，兰花已经知道是谁了。天空一道白光闪过，"快看，是露珠公主，她是来给我们祝福的。"兰花大喊道。

露珠公主面带微笑，缓慢地飘下来，她飘到我们面前，抚摸每一棵草的叶子，并赐给我们祝福，然后她就又飘上天去了。

这时，我听到了一阵雷声，明明雨停了，哪里来的雷声呢？我抬头一看，原来是我妈妈拿着剪刀来剪叶子了。我害怕极了，可是我说的话妈妈听不懂，我也没办法逃走，这可怎么办啊？

就在这时，梦醒了，我看见妈妈真的拿着剪刀走过来了，我叹了一口气说："终于醒了，这真是一个美妙又惊险的梦啊！"

叶开老师评：

　　田静怡这个变成番薯叶的幻想，我从来没有看到过，非常特别。而且，是变成了番薯叶之后，可以跟其他的昆虫交朋友，甚至跟其他植物交朋友。这些想法都太精彩了。不过，当"我妈妈拿着剪刀来剪叶子"时，你竟然被吓得惊醒了，发现自己是在做一个梦，哈哈，这个太可爱了。我很喜欢。不过，能不能考虑不是梦，就是变成叶子呢？这个想法怎么实现？我一时还想不出来。一个方法，是童话，就是变成了"番薯叶"的历险记，如《洋葱头历险记》那样；二呢是人工智能的方式，每一片叶子，都有智慧。哈哈。

18 鼠 变

钱思成 四年级

　　我是一名普通的小学生，我的爸爸是有名的化学家，他有一间特殊的实验室，除了他本人，谁都不能进。爸爸跟我说，里面很危险，没事的时候千万别进去。可是，我却起了好奇心，忍不住想进去看看。

　　有一天，我趁爸爸不在家，偷偷溜进了他的实验室。我看到了爸爸的实验室里有各式各样的实验器材，桌上放满了各种仪器，最吸引我的是桌上放着的一个彩色玻璃瓶子，我忍不住伸手去拿，准备看个究竟。可是我手一滑，瓶子掉在了地上，摔了个粉碎。里面紫色的液体溅了出来，一下子溅到了我的脚上，我连忙用手抹掉，心想：完蛋了，这下肯定要被爸爸发现了！于是，我赶紧把地上的残渣收拾干净，倒进垃圾桶里，飞快地跑出了实验室。

我怀着忐忑不安的心情地吃完晚饭，早早地睡觉了。

半夜，我醒了，肚子很饿，想去冰箱里拿点东西吃。我正要下床的时候，看见一只老鼠的腿，我被吓了一大跳，床上怎么会有老鼠？我连忙用脚去踢它，却发现那只老鼠脚也在踢动，于是我又用手去赶它，却发现伸出来的不是我的手，而是一只老鼠的爪子。我惊讶极了！仔细查看，发现我的双手变成了老鼠爪子，双腿变成了老鼠腿，再摸摸脸上，居然有几根胡子，脸也变成了老鼠的模样。我真不敢相信，我怎么变成了一只老鼠？

由于肚子实在太饿了，我爬下了床，来到冰箱旁，准备打开门，却发现自己实在是太小了，根本爬不上冰箱，更别说打开冰箱门了。在爬冰箱的时候，不小心弄出了声音，招来了家里的黑猫，只见黑猫弓起背做出一副进攻的架势，两只眼睛凶狠地看着我，我大声地冲黑猫喊道："我是你的主人啊，大黑，你赶快走！"可我发出的声音却只有"吱吱"声，黑猫听了更加恼怒了，冲着我一阵吼叫，我赶紧从地上跳到了椅子上，又从椅子上跳到了桌子上，这时黑猫也想跳上来，不料脚一滑，摔到了地上，我赶紧从桌上跳到了墙角，发现墙角有一个洞，我不管三七二十一就往里面钻。

里面一片漆黑，什么也看不见，我摸索着想去开灯，却意识到这应该是一个老鼠洞，怎么会有灯呢？正当我要放弃开灯时，突然摸到了一个像开关一样的东西，于是我便下意识地一按，四周明亮了。洞里两只老鼠正在睡觉，它们被吵醒了，愤怒地说道："你是谁？你来我们领地干什么？赶快走！"

我回答道："我并没有恶意，我看你们很久没有吃东西了吧？"

两只老鼠点点头："是啊，我们很久没有东西吃了，都怪那只令人讨厌的猫。"

我急中生智，心想：不如趁这个机会把老鼠消灭了吧！

"我倒是找到了很多好吃的，你们想吃吗？"

"真的？你真的会给我们吃东西？"

"那当然了，我们可是同胞，要互相帮助嘛。"

"那真是太谢谢你了！"

"你们等着，我现在就去拿！"

说罢，我走出了老鼠洞。

我走到我放零食的地方拿了几片薯片，然后又跑到爸爸的实验室里，我记得爸爸以前跟我说起过，实验室里红色的药品都是有毒性的，于是我便挑了一瓶看起来毒性很强的药粉，它也是红色的，我把那瓶药粉洒了一些在薯片上，红红的药粉就像番茄味薯片上的番茄粉。我跑到老鼠洞里把那两片薯片给了那两只老鼠，它们看到诱人的薯片，瞪大了眼睛，口水都快流出来了，急忙咬了一口，"嗯，真好吃！"说着倒地身亡。看到老鼠被毒死了，我心里暗暗高兴!

　　我趁猫还在寻找我的时候，偷偷在黑暗的地方，沿着墙角跑到了房间里。小心地爬上床，生怕发出一点声音。当我爬到床上的时候，又感觉浑身疼痛，接着自己又变回原样。看来这种药水是有时间限制的，过了时间它就无效了。我这才舒了一口气。

叶开老师评：

　　　　钱思成的这个特别的构想，是化学家爸爸的实验室里有一瓶特别的液体，紫色的，被"我"不小心弄碎了，落在地上，溅在自己的脚上，结果，"我"变成了一只老鼠，而且，还在变成老鼠之后，机智勇敢地消灭了两只真正的老鼠。这个变形就是为了达到消灭两只可怜的没东西吃的老鼠吗？还是顺便干点灭鼠工作呢？哈哈。你的这个"短暂的变形"的构想，还有很多发展的空间。

19　变形记

子　懿　四年级

今天早上，我像往常一样，起床，刷了牙，吃了饭，接着去喂我的小仓鼠。可是，当我把食盆拿出来时，乖巧的小仓鼠竟然咬了我一下！瞬间，我有一种奇怪的感觉，一种从来没有过的感觉。在我意识到一切之前，我在不停地缩小，缩小，再缩小。突然，一切都停了。但是我还是感觉怪怪的。我看了看我的双手，是两只粉色的小爪子。再看看腿，也是两只粉色的小爪子。再看看我的背，灰色的皮毛上有着几条黑色的线。什么呀，我怎么变成了我的宠物仓鼠？！

我听到门在身后"砰"的一声响，原来我——那个人形的我去上学了。唉，现在抱怨也没用了，我就以仓鼠的身份过一天吧。

今天，家里人把空调开得很冷。因为我变成了仓鼠，所以就没有被子可以盖。但是，聪明的我有办法。我把木屑叼到我的小房子里面，铺成了一张被子。果然不出所料，很暖和！懒懒的我不一会儿就睡着了。睡一觉真舒服！睡完之后，为了保持清醒，我跳上跑轮，在上面运动了几分钟，接着又喝了一些水，真清凉！我往我是人时看的钟瞄了一眼，10点15分。我又想睡了，接着就直接睡到了午饭时间。

中午，我的妈妈煮了粥和昨夜剩的蛋炒饭。看到食物，我的肚子也开始咕咕叫了。我钻进了食槽，看了看有什么可以吃的。翻着翻着，我找到了一块花生。我咔嚓咔嚓地吃掉了那块花生。我又找到了一颗瓜子。我先把壳用门牙嗑下来，再享用里面能吃的部分。吃饱了，我又回到了我的小屋子，准备睡午觉。

美美地睡了一觉后，我又清醒了。我跳上跑轮，运动了一会儿，接着咕咚咕咚喝了好多水。可是，喝了一些之后，水没了！为了引起注意，我在笼子里又跑又跳，吱吱叫。妈妈听到了声音，跑过来。她看到空的饮水机后，急忙接了一点新鲜的矿泉水。能喝到清凉的水的滋味真好！

时间过得真快，不一会儿就到了那个人形的我放学的时候。他回到家时，像往常一样，把我的食槽拿出来（吃了一天，已经空了），撒了一把干粮，接着就去做作业。他在做作业

时，我又美美地睡了一觉。但是，我这次做的梦很奇怪，非常的奇怪。我梦见了自己在一台机器前，屏幕上显示：你想变回人吗？我说："当然了！"屏幕又显示：下面有三个按钮，在10秒内按下，有一个会把你变回人类；有一个会让你永远变成仓鼠；还有一个则什么都不会发生。如果你没有按，那就会永远变成仓鼠。

眼看时间马上就要到了，我闭上眼睛，乱按了一个按钮，瞬间，"丁零零"的声音震耳欲聋。突然，那声音停止了。我看了看四周，我又变成了一个人，而我的手正拍在闹钟上呢！原来，这只是一场梦。幸好我在梦中按对了按钮，不然我还可能是一只仓鼠呢！哈哈！

幸好这只是一场梦，我可不想真的变成仓鼠。

叶开老师评：

子懿同学的这个与仓鼠互换的变化，写得非常有意思，很有小学生日常生活的"胡思乱想"的特点。一个仓鼠咬了你一口，你就变成了仓鼠，仓鼠变成了你，这个简直太厉害。问题在于，当你变成仓鼠后，还是保留了人的性格特点，这样，身体和灵魂，就不协调了。到底，我们人类是更关心自己是人形呢仓鼠形呢？还是关心我们自己是谁？比如，知道自己是谁，肯定自己，那么，无论变成什么外形，都不要紧啊。

20 向往自由的我

李雨彤　四年级

我曾经幻想自己拥有双翅，翱翔在蔚蓝的天空中……

——引子

　　一天下午，我在放学回家的路上，发现一封包装精美的信，是谁丢下的呢？我打开信封一看，里面是一张图画，上面有一只小鸟（我并不知道是什么鸟）……

　　接着，一道亮光闪过……

　　不知怎么，我竟然来到了自家阳台上，为什么这里的植物这么高大呀！我纳闷起来，这时我觉得背后奇痒无比，呀！我身上怎么

长了羽毛呢?

事实证明我变成了一只鸟,不习惯啊!这时,我看见地上有一个花里胡哨的物品,定睛一看,原来是自己的《百科全书》,这下我可以知道自己的真实身份。我没有手,只好用自己的喙,不敢相信自己,竟然轻而易举地翻动了页面,于是我查询起我的身份,原来我是一只鹩哥,一种无比稀有的鸟类。

现在,我的梦想实现了,可以无忧无虑,无拘无束,自由自在了!

"啪嗒啪嗒!"我听到了脚步声,有人来了,吓得我"哎呀哎呀"地发出叫声,传出去的声音却变成了"啊啊啊"的单音。得快点逃走,不然,会被发现的!我想。于是,我快速怕打翅膀,从窗户飞了出去……

我越飞越高,脚下的车如同玩具,房子变得像蚂蚁一样小。虽然我变成了一只自由的小鸟,但是我还是感觉失去了什么。"咕噜噜",我的肚子叫了起来,我才想起来自己已经好久没有吃东西了,于是我左顾右盼,发现了一片果园(我的眼力很好),我像闪电一样俯冲下去……

果园的水果品种丰富,但我只挑了树莓、草莓等一些浆果来吃，更大的果子就会卡住我的喉咙。休息了一会儿，我又在天空中翱翔。现在我的心情好了许多，能做一只小鸟真是好极了！

夜幕降临，我并没有回家（人类的家），而是在附近找了一个草堆睡下了，一觉醒来，我并没有恢复原状，我不禁有些失望……（想家）

当务之急，我得把肚子填饱。于是，我又去果园吃了几个浆果，还唱起了歌。歌声引来了园主，看见我，他又惊又喜，竟然把我抱回了家。最初，他还让我自由自在，我挺快乐的，一会儿飞到这，一会儿飞到那儿。

可是，有一天，园主出差去了，他的老婆把我关进了笼子，让我很憋屈，从此我便不能自由飞翔了。

三天以后，我趁女主人换食物之时从小门飞了出去，我飞呀飞呀，最后落在了阳台上。

（一道亮光闪过……）

我睁开眼睛，发现自己坐在帐篷里，我的羽毛和喙都消失了，我变回了人形。

回想起这次经历，刺激而有趣，但我认为当鸟儿没有想象中那么愉快！

叶开老师评:

　　李雨彤向往自由,写 "我" 变成小鸟在天空翱翔,这个想法,人类自古以来就有,飞机就是这样发明的。你这里,看到的是变形之后,和再次恢复的一个过程。我觉得好玩,也有趣。当鸟并没有想象中的那么愉快,这是说做人也有好有坏,做鸟也不完全是自由,所以,无论做什么,都有好有坏对吗?其实我还是觉得做一只鸟更好,自由,冒险,有趣。

21 错乱世界

无名氏

公元30世纪

这是一个神奇的时代，人们在地球上生活得快乐安逸。可是，人们却不曾注意到从地球飞来的一颗微小的行星——卡尔赫斯星。况且，这星球上生活着唯一能与人类对抗的外星生物。

"嘀——"一声刺耳的警报传入了塔尔的耳中，叫醒了沉睡中的他。他揉了揉惺忪的眼睛，通过巨大的天文望远镜——一个能看穿宇宙几十万光年的庞然大物。忽然，他惊叫了起来，吵醒了旁边正在深夜中休眠的人，当然也包括我。

"大家快醒醒，看这是什么？"他使劲地晃着身边的朋友——加瓦达。

"你干什么？"加瓦达摇了摇头。

"我发现行星了，好大一颗！"塔尔兴奋地尖叫。

"不就是行星吗？我们观察到的行星多了去。"

"不，不，它可不是一般的行星！"

"有什么特殊的？"

"他正冲着我们地球的南极而来！"

"什么？"连我都十分吃惊。

接着，观察人员把这信息上报了国家天文研究中心。科学家们把这视为一级重要事件，立即商量对策。最后，制订出了方案，利用超远激光射线切割，并设置导弹引爆，使它不足以对地球构成威胁，最后再带回天文研究院重要研究。

可是，事实真如他们所愿吗？

伴随着几十亿人民的关注，一道刺眼的红色射向太空，天文研究中心为了更好地观察这颗行星的情况，在天空散布了微型跟踪器，那束光像一道闪电直劈向行星，大家屏息凝视地注视着……

同时，另一边……

在人类发射激光束之前，外星人帕米就知道了是怎么一回事，他连忙报告首相："大事不好，我们已经接近地球，可那里的人们

想要摧毁我们的星球，怎么办？"

"没有关系，"首相摸了摸他的胡须微笑着说，"启动天幕保护系统，并加入我们的错乱药剂。"

帕米一听连忙点头："首相，您真是太聪明了！"

此时的地球

然而期待的一幕并没有实现，那道红光在刺向他的同时，却似有一块透明的玻璃阻止了它的行动，更要命的是，射线被反射回去，变成了绿色，随即便包围了整个地球……

我只觉得眼前一阵晕眩，便昏了过去……

身体仿佛在缩小、缩小，当我睁开眼时，发现自己竟然完全变了一副模样，钩子一样锋利的喙，尖利的爪牙，犀利的眼眸，天哪，老鹰！"如果没猜错的话……"我大惊失色，抖抖翅膀就飞向了天空，呀，原来，那颗行星把我们变成了动物园？！

我的朋友们呢？我心里想着，转眼就到了凯特家，我的天，上天把他变成了一头驴，他悲愤地嘶鸣着，仿佛想知道究竟是怎么一回事。我无奈地摇摇头，接着，我看到了我的朋友们：猪、牛、羊、狗……上天该有多么恨他们呀，我心里这么想。这时我想起了一个财主，他这人贪生怕死，沉迷酒色，我想他的命运一定更不好，谁知，去了才发现，他竟是一条巨大的蟒蛇。我继续寻找着，发现许多恶毒的人都变成了蛇、蝎、鳄鱼……完了，我用翅膀盖住头：这让人怎么活下去……

我晃了晃聪明的头脑，"先让我熟悉下鹰的特点吧！"我如此想。

　　首先，鹰是一种不畏强敌的动物、有勇敢的搏斗精神、有目标、不松懈。还有，因为它有一双鹰眼，所以善于高空俯冲捕捉猎物，是动物界中难得的高手。但是，它们有时高傲自大，所以古时就有兔子蹬鹰的丑闻，我一定不能允许这样的事情发生，首先，我得锻炼翅膀的力量，没有一个好翅膀，做任何事情都会力不从心。

　　几个月后，我终于练就一身的肌肉，翅膀也日益发达。其次，要练好俯冲的技巧。这几天来，我一直在捕捉兔子、老鼠等小的猎物，然而我在吃的时候又常常不舍得，因为它们以前毕竟也是人类呀！可是，动物界残忍的生存法则就是这样。

　　几个月来，我已成为了动物界少有的高手，在动物界也颇有些名气。于是，我开始尝试下水捕鱼，鱼可是我以前最爱吃的食物。

　　但第一次我就遇到了麻烦。当我锁定一条肥大又全身金黄的大鱼时，我毫不犹豫就俯冲了下来，想要一口叼住飞上天空。可是这位"鱼兄"并不配合，努力地翻动身躯，妄想搏出一线生机。只是因为这鱼身太庞大，当我钩住它的一瞬间，它用那硕大的身躯翻滚着，激起一层层浪花，我抓住它的爪子有些力不从心。我心生一条妙计，两只爪子交替抓它，并试图把它翻个个儿。

　　但俗话说："生物都有求生的本能。"我越抓它，它越反抗，我只感到脚下像绑了千斤重的铅块，怎样都对它无可奈何，身体渐渐沉入水中。由于求生的本能，我大喊一声："救命！"

　　可随即一想：这真是可笑，物竞天择，适者生存。现在已是屠杀的世界，你又能央求谁呢？我把头伸进水中，忍受着水对我的伤害，恶狠狠地啄那条大鱼的身体。而后，我托起沉重的包袱渐渐地飞向天空，飞向那一片晚霞。

然而，有一次，种族的战争开始了，我们飞禽要与走兽厮杀。好一场昏天黑地的战斗：百兽撕咬，群鸟叼啄。我眼看可恶的豹子撕咬了我的众多同伴，我义愤填膺，赶下去帮忙。一会儿这啄一下，一会儿那踹一脚。不一会儿，那只豹子就被我遛得奄奄一息，临死前它睁开虚弱的眼睛，使我至今无法忘怀。

它对我说："小鳞，是你吗？"

"你是谁？"我惊呼道。

"我是……你的弟弟啊……"它勉强睁开眼睛，"看到你没事，我就……放心了……"

说完，它就安详地闭上了眼睛。

"弟弟！"我是万万没想到，竟然自己杀死了兄弟。

作为一只雄鹰，我曾经遇到过不少的恶战。有一次就是与恶狼的一场大战，那天我正在林子里自由地翱翔，忽地听到一声狼嗷，我急忙拍打翅膀飞了出去，狼牙"咔嚓"的闭合声就在我身后不远处响起，好惊险！我回头看着恼羞成怒的恶狼，心中也不由得一阵怒火轰然升起。

我俯冲下来，想啄瞎它的眼睛。但谁知这匹恶狼猛地一闪，躲过了一劫。随即它借力猛地从地上弹起，目标就是我的脖颈，我匆忙避开，但不幸的是翅膀的羽毛被它咬掉一些。我怎会受到如此之屈辱，趁它没有防备，我狠啄一下，痛得它睁不开眼。

这下它有了防备，与我对视许久，不时还扑过去，几次都差点让我丧命，这可不是好事，我现在正在吃亏，于是我奋起反抗。就是这时，我想起以前母亲的一句话："孩子，你要知道，狼是一种贪心、凶险、狡诈的动物。你若有破绽，必会被它发现；但如果你要故意卖个破绽，它便是你的囊中之物。"

我故意把脖颈暴露在它面前，它果然上当，一口就咬了上去，早有准备的我，灵巧地闪开，一嘴啄到了它的腹部。它顺势一扭脑袋，面部正好暴露在我面前，我怎可放过这样好机会，立刻啄瞎它的双眼，它便成为我的美食。

31世纪

当然在变成动物之后，我也没有忘记自己的初心，我依然在上班，也一直被那个谜团所困扰：我和鸭子博士也一起在寻找解决的办法。

"成功了！"鸭子博士从密闭的实验室捧起一个球状的东西向我跑来。

"这是什么？"我惊奇地问，"是你的新发明？"

"不错，"他自豪地点着头，"这种球形的导弹一旦炸掉一个物体，那么将会产生连锁反应，接着会引爆一大片。"

"太厉害了！"我惊奇地说。

就在这时，警报声呼地响起："警告，警告！有不明物体入侵，疑似飞船。"

鸭子博士面色严肃："难道是飞船？立刻让所有人员紧急集合。"

"是！"我领命道。

"什么，难道跟卡尔赫斯星有关系？"塔尔惊讶地说。

"你真的预言成功了！"加瓦达瞪大了眼睛。

"现在不是讨论的时候，"我咳了一声，打断了话题，"塔尔，你去召集村民；博士、加瓦达，我们一起商量对策；其他人员准备武器，时刻准备进入战斗状态。"

"是！"

此时的另一边

"首相，我们的行动好像暴露了。"帕米着急地说。

"没有关系，"首相微微一笑，"我们一定会让他们死无葬身之地！"

飞船渐渐地俯冲向地球……

地　球

"你的任务最艰巨，"博士拍了拍我的肩膀，"只有你最适合去投放这危险的新发明。"

"放心，我一定完成任务。"我拍了拍胸脯。这时，飞船降临了下来，像黑色的屏障。忽地，飞船打开了一角，飞出许多小型飞行物，笔直地朝我们冲过来，博士把他的新发明

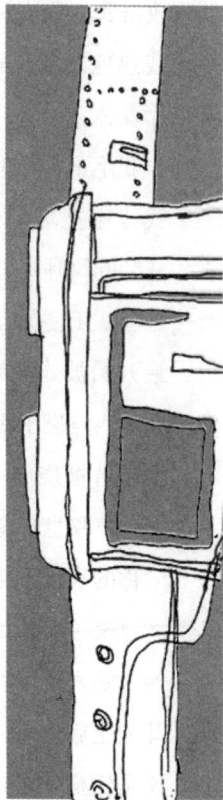

交到我手上，并对其他人说："开启火炮，给它做掩护。"

"是！"

飞船仿佛知道了我的动机，在我将接近它们时它们开了火。我利用我的飞翔记忆，灵活地躲开子弹。这时，一颗炮弹冲向我，我没有防备，急忙收起翅膀向下冲去，但是炮弹划过我的面颊，留下一道不深不浅的伤口。

"我绝对不会放弃的！"我大喊一声。它们聚成一团，妄想以群攻攻击我，我边躲着密密的枪林弹雨，边寻找可乘之机。

我忽地发现身后草地被刚才的导弹点燃，熊熊大火，火势蔓延了整片森林。

"我绝不会原谅你们的！"我咬牙切齿。

我终于把球形导弹安在了一架飞船身上，接着我拼命地往后飞，耳旁的风呼啸着拍打在我脸上，如此地疼痛。

终于，理想的声音出现了，先是"轰"的一声巨响，扭头看去，最开始被炸掉的飞船变成了一个火球，火球又倏地分裂成了许多小火球，点燃了飞船阵……

我望着被烧成一片的飞船，又看了看被大火"袭击"的树木，不由得一声叹息。忽然，我的背后被人一拍，是博士！

"你的表现不错。"

"过奖过奖！可是我们该如何变回人形？"

博士陷入了沉思……

几天之后……

博士慌慌忙忙地从实验室跑了出来："我希望你再去一趟卡尔

赫斯星。"

　　"为什么？"我大惑不解。

　　我们曾经动用了最厉害的激光射线都没有伤害到它，况且返回来，颜色发生改变，一定有猫腻！

　　说着，博士把一些东西交到我的手中，"这是推进器，可以帮助你在太空更好地飞行。第二件是氧气瓶，能够让你在太空有氧呼吸。这两样都很轻便，速去速回。"

　　我就这样冲向了太空……

　　当我接近这颗星球时，竟被一股强大的力量反弹了回去，我试着用爪子使劲推了推，纹丝不动。

　　"你说是有屏障？"我好奇地问。

　　"应该没有错，"博士凝重地点了点头，它来回地在办公室里踱地，过会儿，抬起头，"让我看看你的爪子！"这时我才发现绿色的晶状体在闪闪发亮……

　　"快，把这些粉末撒到有水流过的地方去。"博士捧出了同样的晶状体。

　　"是！"

　　喝了这种水的我感到身体正在慢慢变大、慢慢变大……

　　一夜间，所有动物都变回了原来的模样！

　　好一个错乱的世界！

叶开老师评:

你好,你的名字是什么?是新同学吗?这篇写变形的小说非常精彩,尤其是你设定在三十世纪,地球遇见了一个小行星卡尔赫斯星之后,被卡尔赫斯星人以奥妙的高科技"绿光"所笼罩,全体人类变成了鸟类、鱼类、哺乳动物类等,而不再是人类本来的样子。"我"变成了老鹰之后的描写很生动,尤其是捕猎老鼠、兔子、鱼类等,虽然知道这些也是人类变的,但是无可奈何,这就是现实。但是,你要明白,地球上原来还有其他动物的啊,或者你要设定在30世纪地球人类把其他所有的动物都杀灭了,然后被卡尔赫斯星人变成了动物,这样更合理。后面"我"虽然变成了老鹰,但是还在上班,和鸭子博士一起努力研究,最后"孤胆英雄"般向敌人投导弹,击败了外星人。这个有点不太合理,人类之所以有科技能力,是因为直立行走,解放了双手,可以制造工具。如果老鹰和鸭子也能继续做科学实验,那么要给一个更为合理的说法,不然就从科幻小说变成童话小说了。可不可以仍然是动物们团结在一起,最终仍然消灭了放松了警惕的卡尔赫斯星人呢?写作,最重要的是要整部作品有一个基本设定,然后前后呼应逻辑合理。

22 异 变

二郎（陈醉）　六年级

凡万物生灵者，经异血养后，念咒即变，称其"异变"。异变者可使血弥漫，即生空间之异变也。

——《古·魔道》

天 耀

在这个异变已经成为人类疾病和敌人的时代，天耀在几个小时之前还自以为是个普通的人类指挥官，但在几个小时后——他的20岁生日之后——他接受了一个事实和一个重大的使命。天耀在几个小时前还正进行着他自己的活动——研究上古魔道——他最近对这个挺有兴趣，以及《古·魔道》的历史。几个小时过后，他看到桌前只有他的母亲，想到这次生日母亲不让自己请朋友来，便开始问原因。

母亲告诉他：

"孩子，是时候告诉你秘密了，你的爸爸在临终前告诉我，你是剩下的月光族人，月光族只剩两人了，你要找到她，并找到家族之书《古·魔道》完成你的使命。"

"她是谁？《古·魔道》在哪里？"

"不知道，只能你自己去找了。"天耀愣住了……

墓　地

不知所措的天耀来到父亲的墓地，想起父亲生前的事迹和童年中与父亲玩耍的情景，再想到母亲对他的嘱咐，不禁感慨万分，豆大的泪似断线珠子般掉了下来。"父亲，为什么，为什么我要……为什么！求求您，给我指明……"突然，坟头的几块石头动了起来，里面掉出一把蓝色的剑，突然，剑升到了空中，突然投影出父亲的身影。

"父，父亲！"

那"父亲"说话了：

"我的孩子，但愿你能看到这一视频，如你所见，这就是真正的魔剑，剑法小时候就传于你了，这把剑会成为你今生的武器，它是外星的科技产品，并且，它会指引你到圆月弯刀的主人，记住，魔剑与圆月弯刀的距离越近，越强越锋利。"

说完，父亲的投影消失了，魔剑从天上掉下来。

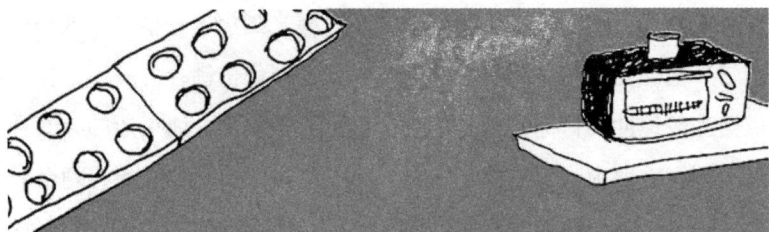

"好的，我会的。"天耀再拜了一拜，毅然进发。

战　斗

突然天耀的电话响了，里面传来战友雷的声音：

"天耀，天耀！听见了没？快点，异变种在郊区出现，现在已经开战，请求指挥官到位。"

"哦，好的，马上来。"

天耀到达郊区，竟发现魔剑开始发着蓝色的光。退到队友边，发现魔剑发出了更强的蓝光，但是天耀已经没有时间顾及这事了，眼前更重要的是消灭敌人。敌人是七八个非人的异变种，很难对付，得集中强大火力才能击杀，可是眼下援军还要一会儿才能到，因为今天是十年一次的休息日，召集士兵速度不够。天耀想，可是怎么办？敌人攻势很猛，不守则失。天耀看看自己手中的剑，想：也只能这样了吧。

"指挥官发令：请在场军人以枪械射击敌人眼睛等敏感部位，我去杀最后面的，看出来了，最后面是异变种主体。"

"好！"

在众火力掩护下，天耀将回旋镖掷向敌人，并冲向最后面的异变种对它进行连续打击。天耀释放了《魔之剑谱》一谱第一式——魔斩！他念咒，其实就是对剑的解码，他与剑仿佛合为一体，化一道蓝光般地冲向目标，蓝光末端，仍是天耀与剑，而一边的异变种已经倒在血泊中。异血停止弥漫，第一个目的达到，开始将剩余异变种斩杀。可是异变种们并不慌乱，一起将天耀包围，向他发起猛烈攻击。天耀继续释放《魔之剑谱》一谱第二式——斩魔，以及组合式——魔剑斩魔。一个个异变种倒下，天耀也没能想到，自己的魔剑有如此的威力，要知道对付一只非人的异变种，要几十台量子炮集火才能杀掉。正在想，剩下的两个异变种突然跃起，引爆了自己的内核——异变种的心脏，制造了强大的爆炸，将天耀炸成重伤，其他几位士兵轻伤。

这时，一个穿着蓝色铠甲身影冲到爆炸形成坑的中心，将天耀背起，对士兵说：

"你们去报告，他交给我。"

这长发，这声音，女人？士兵想。但还是先去报告了：

"哦，好，好的。"

启　程

天耀醒来，发现自己躺在一个辉煌别墅的沙发上，这里一切都是那么陌生，他喊："有，有人吗？"

他下意识地下了沙发，这时，一个正在扎头发的女孩过来说：

"你醒啦。"

"我怎么会……"

刚到嘴边的话，天耀咽了下去，他看到了发着刺眼蓝光的魔剑以及同样状态的一把刀。那刀与魔剑的长度差不多，深蓝色，是一个弯弯的新月形，那是，那难道是，圆月弯刀！

"那刀哪来的？"

"我自己的呀。"

天耀惊讶地打量着眼前这个纯白头发，穿蓝白相间长裙的女孩。

"不用那么惊讶，我叫白月。既然你知道我是谁了，那就赶紧起程吧。"

"哦，哦，好的。"

魔铠初现

一方，天耀向上司报告自己找到关于异变的资料，请求让其去探寻，上司同意；另一方，白月在家中找到了一张纸，其实是一个仪器，能显示《古·魔道》的位置。

天耀和白月在白月家前的空地集合。他们向白月手中仪器里《古·魔道》的位置走去。他们先到了另一个城市的座山上，他们竟惊奇地发现：明明已经到达坐标点，可是为什么没有呢？仪器上的坐标精确到了方圆1米，但是旁边都没有任何的书一样的东西！突然，天耀想道：仪器无法显示高度，有可能在他们的脚下或者头顶。他又想道：曾经有一位大能研究过，发现，使用那本古书时，需要在下面控制。便与白月一起跳向旁边的湖中，希望从湖潜到地下，然而，在下降的过程中，突然一条巨大的触手，卷向天耀，将天耀硬生生地拉进水里，白月也因为惯性摔在岸边，昏了过去。天空中又出现一只奇怪的大鸟，把白月抓了走。圆月弯刀，落在岸边。

天耀握紧魔剑，与水怪苦斗。他想：果然是有怪物在搞鬼。那水怪有八只触手，将天耀拉到水下又卷又打，最后，看难以杀死天耀，只得将他吃了。天耀握着剑，在水怪体内乱砍，却怎么也划不出伤痕。顺着肠道，天耀到了水怪的胃里，水怪的胃液高达200摄氏度，温度有100多摄氏度，天耀被严重烫伤。幸运的是，他的剑能浮起来，他踩着剑滑过去了。最后，魔剑被烤得更加锋利，剑气划开

水怪，才能出来。这时，那本书从天而降。原来，这根本不是本书，这是一个高科技的产品，这不过因为每页做得跟纸一样薄，而且都有记载文字，所以被误认为书。这时，书给出了一个选择：可以用水怪的血成为一个异变种，这才有能力打败所有异变种，完成使命。不过，会失去记忆，不能言语，心中只有拯救地球的使命。

天耀选择了变，为了这个世界。他长出了与身子融为一体的魔铠。就像他的祖宗——铠一样。

月亮出来了，白月醒来发现自己被巨鹰抓着，背上被抓着地方有剧痛，血还不时往外流。突然，一个穿着魔铠的人来了，一剑将巨鹰斩成两截。救下了她。她看到了那把剑，她明白了，是他，他还带着她的刀。

魔铠骑士

　　天耀异变为魔铠骑士后，用最后一丝意识救了她。魔铠骑士握着魔剑，以魔之剑谱和《古·魔道》，带着月光骑士从七大洲征战到四大洋，消灭了所有的异变种，又用所谓的魔法——月光家族的绝密科技，将异变这一现象彻底消除，除了他自己……

尾　声

　　由于人类对环境的污染，月亮几乎见不到了。相隔五十年，月亮，出来了！这天，月亮格外地皎洁，月光格外地明亮，月光照着两位伟大的英雄——魔铠骑士和他的爱人，那一瞬，天耀的记忆恢复了，他有太多话要说，但都说不出口，只看看依偎在怀中的白月，与她一起仰望着他们的起源，俯瞰他们曾守护的世界……

叶开老师评：

　　这个神幻＋魔幻＋科幻＋仙剑加那什么的综合体，有一个非常棒的核心结构，就是人与"异形"之间的殊死战斗，最后需要天降大任的天耀变体为"魔铠骑士"才能最终决定胜局，而寻访"天书"的过程，就是解密的过程。陈醉写得煞是超凡脱俗，天耀和白月的设定，是很经典的"传人"聚合，如果你要增加篇幅，再加上两家本为死地的"罗密欧与朱丽叶"的梗就行了。表示，很佩服。

23 唐可昕变形记

唐可昕　二年级

一天早上，我照例万般挣扎着去关响起的闹钟，却发现手一刻不停地左右拍打，可就是离不开床面。

我再仔细地瞅了一眼自己的手，发现它五彩斑斓，扁平扁平的，我就是控制不住，当左手听从我的指挥的时候，右手又开始抖动起来，我那圆滚滚的身子一刻不停地翻来转去，怎么也下不了床。

7：30就要上学了，现在已经6：59了，要是想要不迟到，我必须发疯似的赶才行，反正根本就下不了床，既然下不了床那就多睡会儿呗！这就是我的想法。

我发现有人往我嘴里塞了一个又尖又长的东西，我下意识地发现我的嘴吐不出，再看看我的脚，比手还短，而且细细的，特别枯瘦，几乎没什么力气，一摸全是骨头被皮包着，没有东西辅助我根本站不起来。我急了，粗鲁地一侧手和脚蹬床，结果不稳，从床上摔了下来打了个滚，折断了几片羽毛。可是我不会飞呀，怎么拍扇翅膀都飞不起来，我突然脑子里闪出一种鸟类，幼年的鹦鹉是不会飞的！而且只有这种鸟会说人话。

我颤颤巍巍地站着走，向卫生间移动。到了卫生间，我就不知道怎么洗身体了，直接把头扎到水里，羽毛上露珠轻盈地滑着属于自己的舞步。敷衍一下，我就"冲"进了厨房，妈妈盛了几块熏肉、煎蛋给我。可我一点食欲也没有，我偷偷地绕到妈妈身后，打开米袋，啄食米。

该上学了！我的双翅一点都背不上书包，但我觉得用嘴叼着倒挺顺的，总之不能迟到。我急急忙忙地要下楼梯，结果重心不稳，摔到了楼梯下面，浑身酸痛爬不起来。可还要赶时间呢！我用两根翅膀支撑着身体站了起来，我感到双翅古怪地支棱着，钻心的痛。看到时间已经快到了，我三步并作两步，冲向学校。就在我前脚要踏入学校时，学校大门关闭，我后退几步，助跑跳跃过学校大门，随后急急忙忙地奔入教室。所有同学都已经在早读，就我一个愣在教室门口。我赶快理好书包，拿出，准确说是叼出书本开始早读。

开始上课了，老师刚讲，请大家在本子上抄下这一句比喻句，然后请唐可昕同学来回答黑板上的问题。我站了起来，想发出清脆悦耳的声音来解决大家的疑虑，可是我只能发出一连串又笨又傻的叽叽喳喳声。全班同学立刻大声笑了起来，老师皱了皱眉头，一声不响的用手势命令我坐下。

　　美术课上就更糟了，我要去拿工具，一开柜子，我就要去叼画笔和颜料，结果不太适应，所有东西都噼里啪啦掉了一地，老师重重地拍了一下桌子，用眼睛瞪着我，我只能装作没看见，我也只能用嘴叼画笔，那天的画画得歪歪扭扭不成体统，一共五星，我连一星都没得到。老师看着我的画，摇了摇头，不收，让我自己回家改去。

　　该吃午饭了，平常都觉得很好吃的咖喱饭，今天却一点胃口都没有，我出奇地想吃用水泡过的小麦和没加工过的瓜子，而且——回味起来似乎很美味。我啄了几口就不想吃了，想要偷偷去倒，想不到被组长发现了，非得让我吃完。我拉肚子了，连收工了都吃不完，一些捣蛋鬼还在旁边，讨厌死了。

　　下午短课上，我非常饿，昏昏沉沉地想睡觉，老师忽然大叫一声捏住鼻子，把我惊醒了，他对班长说："下午吃完饭要记得通风！你怎么不记得了？"

　　班长委屈地说："这都怪唐可昕！她吃饭吃太晚了，让我什么时候都不能通风！"老师狠狠看着我近乎喊叫："唐可昕！你今天是在考验我的耐性吗？！"

好不容易支撑完了短课，还有更讨厌的理书包！我那短喙根本叼不起书本，只能用两只后爪乱翻一气，也不知道全部弄进书包了没，如果没有，那今天作业都没法做了，明天又没法交差，想到这儿，我的心情立马低沉下来，要是有个保姆帮我做事就好了。

回到家里，想了一下今天的过程，发现很多作业都没带，没法做作业，忽然我感到十分疲惫，一阵睡意袭来，我迷迷糊糊睡着了。

睡醒，发现已经是吃晚饭时间，妈妈说："你怎么又挑食了！你还吃生米！肠胃会受不了的！"

我飞到了天花板上忍无可忍地大叫起来："难道这一天你们都没有发现我是一只鸟吗？我在学校已经受够了委屈！就因为鸟和人类的习性不同！"

妈妈和蔼地说道："对，我们注意到了，宝贝，所以妈妈没有按照鸟的习性来照顾你，对不起。"

可我还是很担忧："妈妈，我还能恢复原状吗？"

"能。"

一字消除了我心里的担忧，我放松地和大家吃了晚饭后上床睡觉。

第二天，果然恢复了原状，我在窗边发现了一只五彩斑斓的小鹦鹉，它朝我叫了几声，我心情颇佳，推开窗户说："你好啊，要是你昨天来，就能跟我玩了。"

叶开老师评：

　　唐可昕你的"变鸟记"写得非常棒，是一个变成了鸟的学生，勉强挣扎着去上课，但是各种努力仍然做不到最好而遭到老师的怒吼。总之，真的是很不容易的小学生生涯，连变成鸟了都忙不过来啊。后面的对话超棒——妈妈说："你怎么又挑食了！你还吃生米！肠胃会受不了的！"我飞到了天花板上忍无可忍的大叫起来："难道这一天你们都没有发现我是一只鸟吗，我在学校已经受够了委屈！

　　就因为鸟和人类的习性不同！"妈妈和蔼地说道："对，我们注意到了，宝贝，所以妈妈没有按照鸟的习性来照顾你，对不起。"可我还是很担忧："妈妈，我还能恢复原状吗。""能的。"非常简洁有力的对话，把母女关系表达得生动而且活灵活现。

24 贝加儿历险记8

吴沁蓓　二年级

贝加儿和鸟鸟名在小河边赛跑，太阳刚刚起床，知了在唱着夏天的歌，蚂蚁不像其他动物那么轻松，它们要搬运食物。

跑着跑着，贝加儿发现鸟鸟名突然变成了巨狗，不知比自己大几千几万倍。再看看自己左右两边各有三条细的可怜、长长的腿，身子两旁还有一对透明的、硬硬的翅膀，身体也瘦得像一根棍子，头小得可以钻进老鼠洞，嘴巴也变成了一根针。贝加儿看见自己变成了一只蚊子，吓得哭了起来，一滴眼泪落到了地上，变成了一颗宝石，贝加儿把宝石捡了起来。

"嗡嗡嗡，呃，呃，呃！"贝加儿听到了附近有蚊子在哭。

贝加儿急忙飞了过去，动作不算熟练，倒也飞到了那只蚊子旁边。

　　"你是不是不愿意当蚊子？"贝加儿问道。

　　"你才不愿意当蚊子呢，蚊子多好，都不用做事，每天都可以吃得饱饱的。"小蚊子说道。

　　这让贝加儿很生气。

　　"既然这么好，那你哭什么呀？"贝加儿问道。

　　"我上次飞到一个电影院5号厅，看了一场《神偷奶爸3》，出来的时候，发现很多小朋友手上都买了小黄人娃娃，我飞到了家（蚊子王国），告诉了妈妈（蚊后），我也想要小黄人娃娃，可妈妈告诉我，这不是我能要的东西。"小蚊子边哭边说着。

　　"是呀，世界上哪有这么小的小黄人娃娃呀！"贝加儿说道。

　　这次小蚊子哭得更伤心了。

　　贝加儿想到了那块宝石，它虽然不能帮助自己变回人，但是可以变出一个想要的东西的。贝加儿拿出了宝石，在心里默默地想着一个比蚊子还小的小黄人。果然，手上的宝石立即变成了一个只有蚊子一半那么大的小黄人，但这对这只小蚊子来说，已经够大了。

　　小蚊子看到了贝加儿手上的小黄人，高兴得喘不过气来。"能给我看一看吗？"

　　"这个小黄人就是送给你的。"贝加儿笑道。

　　小蚊子接过了小黄人，并把贝加儿带回了自己的王国。原来这只小蚊子是一位公主，名叫"叶莲"，蚊后看到离家出走几天的叶莲公主回来后，高兴极了。

　　"是她，是她送了我这个小黄人。"叶莲公主兴奋地说道。

　　"谢谢你让我的公主回来，我给你一个官做吧！"蚊后说道。

　　"其实我本来不是蚊子，我是火星人，不小心来到地球。我也不知道怎么回事，突然就变成了一只蚊子，我不能在这里做官的。"贝加儿急忙解释道。

　　"好吧，那我送你一瓶药水，你喝下去，即使以后你变成人类，再也不会有蚊子叮咬你了，也算我报答了你。"蚊后说道。

　　蚊后给了贝加儿一间房间先住着，贝加儿发现这房间里还有很多这种药水，就多拿了几瓶，想着有机会也给姜一牙、姜黄儿一些人喝。

　　夜已经深了，贝加儿却怎么也睡不着，她带着几瓶药水离开了王国，飞着飞着，贝加儿看见了一棵巨大的树，这时，她也觉得困了，就在树底下睡着了。

　　第二天早上，鸟鸟名找到了贝加儿，贝加儿一睁开眼发现鸟鸟名变成以前那般大小，赶忙看看自己的身体，高兴地跳了起来，因为自己变回来了。

　　"我怎么会变成一只蚊子？"贝加儿问道。

　　"你肯定是被蚊子咬了。你不知道我们火星人如果被什么咬了，当天也会变成和他们一样吗？"鸟鸟名哈哈大笑了起来。

　　"是这样的吗？"贝加儿说着。

　　突然，贝加儿想起了要给大家的药水，贝加儿小心地从口袋了掏了掏，什么也没有。只有几粒和沙子一样大小的白色玻璃，"这么小的药水怎么能给人喝呢？"贝加儿自言自语道。

　　没办法，除了贝加儿在她自己还是蚊子的时候喝过这种药水，其他人都无法再喝这药水了。从那以后贝加儿身上散发出一种只有蚊子才能闻到的特殊气味，再也没有蚊子去叮咬她了。

叶开老师评：

　　　　吴沁蓓的"贝加儿历险记"写到了第八季，多么有意思的一个系列啊。而且，你塑造的贝加儿这个火星人，流泪就会变成钻石，他的好伙伴鸟鸟名是一只火星狗超有能力，可以变化，还擅长游泳，他们"流落他乡"来到地球上，还有两个好伙伴姜黄儿、姜一牙，只是，还不知道怎么回到火星去。我猜，当我们这次课程暂时结束，你的"贝加儿"就会结束在地球上的流浪，回到火星上去吧？你一定有办法。火星人被蚊子咬了一口就变成了蚊子，不过贝加儿即使变成了蚊子，仍然是很善良，看到蚊子公主叶莲伤心了（因为没有那么小的小黄人），就用自己的泪水变成钻石，再变成小小黄人，送给叶莲公主做玩具。这个非常棒。再说了，喝了蚊后给的药水会变回人形，而且，再也没有蚊子咬你了，这个想法，这个想象，简直太棒啦！

25 残缺的仓鼠

林沐浅（郭妍妍） 六年级

在这个安静的、弥漫着白烟的小巷里，我独自一人在凌晨三点起了床。收拾完后，我就走向我的同学家去收养那只小仓鼠。一个人走在路上感觉一点也不怕，知道为什么吗？因为，这个地方的四处都是警察（然而，我要告诉我一个坏消息，这位朋友家已经超出了保护范围）。因为这条小巷，有着许多人都不知道的秘密，包括我。

我慢慢地走着，欣赏着这些嫩小的三叶草。走着走着我到了他的家里，这时天也快亮了。我到他家门口敲了三下，没有一点响声。就在这时我突然看见了门口写的几行字：我把这只仓鼠放进了我们俩的专属秘密基地，你快去拿吧！

"秘密基地？！"

我在嘴里絮叨了几下，便马上跑到了他家的房子后面（也就是我们的秘密基地）。到了那里，我呆呆地望了一下四周。看见几朵三叶草的周围，围着一个精美的木头笼。我想那里面装的一定是那只小仓鼠吧！我怀着一种期待的心情打开了这个笼子。"砰"一声，我瞬间变成了一只自己最最喜欢的动物——仓鼠。

"啊？！我怎么成了一只仓鼠？"虽然这是一个好消息，但大家都没有料想到，这只仓鼠（也就是我）缺了一条腿，行走的时候非常不方便，走的时候有点向右边倾斜。我十分绝望，离开了这个秘密基地，走到了这个小巷。

当我抬起头，望着小巷。

"怎么回事啊，这些警察也都变成了仓鼠。"

天亮了已经是凌晨五点了，卖东西的人也都出来摆摊了，这个小巷的人全都成了仓鼠。有些人非常高兴，有些人则唉声叹气。虽然我们外形变了，但我们的心没变。我拿着钱走到了那个卖烧饼的老太太那，买了一个烧饼，但发现这只老仓鼠十分的高兴。我问道：

"你为什么高兴呢？"

那只老仓鼠说："既然我已经成了这个样子，那就应该更乐观地生活下去。"

听完她的话，我感觉稍微好了一点。我想虽然我身有残缺，但我要尝试。随后我拼命地跑着，但依然很慢。大家都在嘲笑我，我说："不，这不可能！"

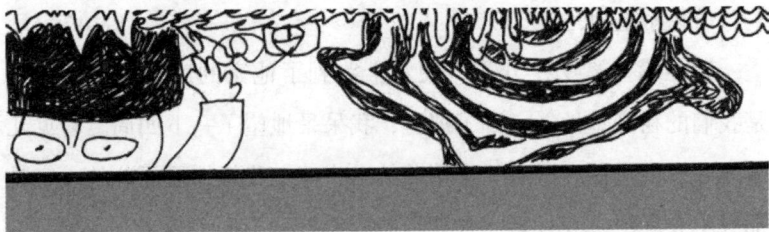

一个年轻的仓鼠姑娘出现了，她走到我的跟前，我起初以为她也是来嘲笑我的，没想到她说："这位妹妹，我看你行走的时候不方便，我有一种快速恢复身体的药，请你跟随我来吧！"

听了这番话，我莽撞地跟着她走了……到了她家后，她先让我坐了下来。又拿起一块布蒙住我的眼睛。我也没多想，就听了她的话。她拿了一个药瓶，说："喝下吧。"我便从她的手中接过药瓶喝了下去。随后我就什么也不知道了，昏昏沉沉地睡了一觉。直到第二天早上，我发现我居然躺在了和她初见的地方。

我不知所措地叫她，但是没有回答。我自然而然地放弃了。

也许，上帝让我变成一只残缺的仓鼠是为了让我感受人间的帮助吗？还是另有其意？这件事使我一直也忘不了。永远，永远！

叶开老师评：

郭妍妍的语言有一种特殊的气息，跟卡夫卡的《变形记》有很多共同之处。那是一种变异的，又可以习以为常的态度，非常厉害。这只"仓鼠"的变化，写得简洁明了，就是"我"在拿一个笼子时，砰，变成了一只仓鼠。这个笼子是谁放在那里的呢？为何能让"我"变成仓鼠？这个要稍微想一想，写得合理一点。但你写全世界的人都变成了仓鼠，这个很棒！而且，虽然外形变了，但是"我们的心没变"，"我"拿着钱去那个卖烧饼的老太太那，买了一个烧饼，但发现这只老仓鼠十分的高兴，她说："既然我已经变成了这个样子，那就应该更乐观地生活下去。"这个是你小说中的主题，无论怎么变，都要乐观地生活。而且，即便是变成了仓鼠，我们之间的善意是不变的。谢谢你的这种理解。

叶开总结

    "变形"是人类文明的一个历史悠久的主题，也是人类最隐蔽的欲望之一。

    每个人，尤其是每个孩子，都有变成一只鸟或一条鱼这种愿望。不过，这次写"变形记"，发现很多小朋友都喜欢变成仓鼠，这大概跟很多孩子都养过可爱的仓鼠有关。居然还有孩子变成了番薯藤，这就太有意思了。一般来说，从动物变成动物，是比较能理解的，从动物变成植物而成了"植变"，这真是星霜同学的美妙想象啊。

    文学作品中，"变形"也是一个历史悠久的主题。

    中国的创始神话，盘古开天地，然后他的身体变成大山大河，这是最原始的"变形"之一。东晋干宝所著《搜神记》里，有各种美妙的"变形"故事，其中"卷十三"记载秦代时原嘉兴郡由拳县沉没的传说，尤其神奇有趣。原文如下：

    由拳县，秦时长水县也。始皇时童谣曰："城门有血，城当陷没为湖。"有妪闻之，朝朝往窥。门将欲缚之。妪言其故。后门将以犬血涂门，妪见血，便走去。忽有大水，欲没县。主簿令干入白令，令曰："何忽作鱼？"干曰："明府亦作鱼。"遂沦为湖。

最有意思的就是末尾，县令对信使说："你怎么突然变成鱼了？"信使说："大人你也变成鱼了。"越想越好玩。而中国文言小说的最高峰"唐传奇"中，狐变人，白猿变人，或人变鱼、人变虎的故事，也写得非常精彩。

西方的"变形"类作品，最早的是古罗马时期的大诗人奥维德的《变形记》，然后是古罗马时期的阿普列尤斯的《金驴记》等，都是流传深远的名作，到卡夫卡的《变形记》，一改经典主题，而把人的精神异化用作了"变形"的核心思想。

小朋友们理解力非常强大，他们从"变形"的主题出发，运用了各种各样的神话、童话、科幻的素材，写出了一篇篇优美的作品。莞若清风的《雪雕风神》是古希腊神话的延伸，各种变形的运用，简直是自如自然，出神入化，画面感极强，而且优美绝伦；木木水丁则运用"精神变异"的方式，在《蜻蜓事件》里写一个母亲和植物人孩子之间的精微感情，其中的细腻运用，令人动容；新桐的《狗人》写一个基因科学家被判处"死刑"，变成了一只狗，而经历了"玉林狗肉节"的恐怖事件等事情，写出了爱狗者的深刻感情；而时践的《八只触手》，则把现行教育中那种非人性的压迫，表达得深刻而令人动容，那个被罚抄作业的孩子，因为无法完成没完没了的作业，最终异化而变成了"章鱼"，以八只触手来写作业，才能完成乌里姆老师以"为你好"的名义不断加码的作业。这其中隐含着的对现行教育的批判，值得每一位老师和家长的深思。

一个关于"变形"的有趣思考，在写作中，可以激发学生们的兴趣，而表现出林林总总的美妙表达。